Pensar como
STEPHEN
HAWKING

DANIEL SMITH

Pensar como
STEPHEN
HAWKING

BIOGRAFIA INSPIRADORA
DO CIENTISTA MAIS FAMOSO DO MUNDO

vogais

com todas as letras

Edição original
Título: *How to Think Like Stephen Hawking*
Autor: Daniel Smith
Capa: www.annamorrison.com
Imagem da capa: Melvin Galapon
© 2016 Michael O'Mara Books Limited, Londres.
Todos os direitos reservados.

Edição em português
Título: *Pensar como Stephen Hawking: Biografia Inspiradora
do Cientista mais Famoso do Mundo*
Tradução: João Quina Edições
Revisão: Teresa Antunes
Paginação: Ana Seromenho
ISBN: 978-989-8855-11-4
Depósito legal: 419 181/16

1.ª edição: janeiro de 2017
Impresso pela Eigal em Rio Tinto
2000 exemplares

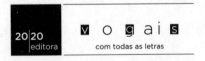

Rua Alfredo da Silva, 14 • 2610-016 Amadora • Portugal
Tel. +351 218936000 • GPS 38.742, -9.2304
contacto@vogais.pt • www.vogais.pt • ⓕ vogais.pt

Garantia incondicional de satisfação e qualidade: se não ficar satisfeito
com a qualidade deste livro, poderá devolvê-lo diretamente à Vogais,
juntando a fatura, e será reembolsado sem mais perguntas.
Esta garantia é adicional aos seus direitos de consumidor e em nada os limita.

Para a Rosie e a Lottie

ÍNDICE

INTRODUÇÃO

«O seu nome perdurará nos anais da ciência; milhões de pessoas viram ampliados os seus horizontes cósmicos com os seus livros campeões de vendas; e, ainda mais do que isso, em todo o mundo, as pessoas foram inspiradas por um exemplo único de superação de todas as adversidades – uma manifestação de uma força de vontade e uma determinação espantosas.»

MARTIN REES, *NEW STATESMAN*, 2015

Stephen Hawking é, muito simplesmente, o cientista mais célebre do mundo na atualidade. Só Einstein poderia reivindicar ter alcançado o mesmo nível de fama durante o seu tempo de vida; contudo, considerando os posteriores desenvolvimentos no domínio da comunicação em massa, a celebridade de Hawking vem indubitavelmente ofuscar até a de Einstein. Tendo-lhe sido diagnosticada uma doença debilitante, esclerose lateral amiotrófica (ELA, também comummente conhecida como doença dos neurónios motores) quando ainda era estudante, há décadas que Hawking vive confinado a uma cadeia de rodas. Hoje, a simples força muscular para franzir as maçãs do rosto representa um esforço tremendo. E, apesar de tudo, considerando tudo por que passou, o seu espírito floresceu e prosperou, lançando luz sobre os recantos mais obscuros do Universo. Desde a publicação de *Breve História do Tempo*, em 1988, tem mantido o contacto com o público em geral de um modo que mais nenhum outro cientista — vivo ou morto — alguma vez chegou sequer perto de imitar.

Aumentou exponencialmente a nossa compreensão sobre o funcionamento dos buracos negros e, ao fazê-lo, veio lançar luz sobre a origem do nosso Universo. Na verdade, permitiu-nos dar uma série de passos no sentido de respondermos à derradeira pergunta formulada pela ciência — de onde vimos? As suas investigações sobre as circunstâncias do Big Bang — o acontecimento cosmológico que se considera estar na origem da criação do Universo — levaram-nos a reavaliar tudo o que pensávamos saber. As suas teses radicais não vieram desafiar apenas as ortodoxias científicas que o precederam, mas também nos obrigaram a reponderar conceitos essenciais como a natureza do tempo e a noção de existência de uma divindade.

Alguns comentadores sugerem que a fama de Hawking nos toldou a visão e que não temos capacidade para avaliar a extensão dos seus feitos científicos. É verdade que Hawking não é propriamente um «Mascarilha», tendo trabalhado em colaboração com inúmeros e talentosos contemporâneos na idade de ouro da cosmologia. Contudo, saber se ele é o principal farol da sua geração ou se figura apenas entre a «elite da elite» é uma questão praticamente irrelevante. Seria idêntico a ponderarmos agora se Alexandre, *o Grande* supera Napoleão ou se Pelé é melhor do que Maradona. Haverá sempre quem defenda qualquer uma destas posições, mas nunca será possível resolver a contenda de forma conclusiva. Basta dizer que Hawking deu nova forma à paisagem científica e que a sua influência permanecerá ainda por muito tempo no futuro. Tem sido, sob todos os pontos de vista, uma carreira estelar. Na imaginação popular, será para sempre o génio encarcerado num corpo frágil. Satisfaz o nosso anseio por uma narrativa romântica *pari passu* com a ciência pura e dura. É o homem que foi dotado de uma mente extraordinária, ao mesmo tempo que foi traído pelo corpo. Na sua superação de inúmeras adversidades clínicas — poucos médicos imaginavam que chegaria aos 30 anos de idade, quanto mais aos 70 —, a sua história é simultaneamente trágica e heroica. A sua luta toca-nos as cordas sensíveis do coração, ao mesmo tempo que nos enche de esperança de que tudo é realmente possível. Na franqueza das suas próprias palavras, «ninguém consegue resistir à ideia de um génio inválido».

No entanto, a realidade diz-nos que Hawking não é uma personagem feita à medida da narrativa de um romance. O seu intelecto coexiste com uma personalidade complexa que nos exige, como sociedade, que pensemos na forma como classificamos as «pessoas incapacitadas». À semelhança do seu antepassado da física teórica, Albert Einstein, não é apenas um cientista, mas também um humanista. Fez campanha em plataformas tão diversas como, por exemplo, pela defesa do desarmamento nuclear, pelos direitos das pessoas incapacitadas e pela paz israelo-árabe. Entretanto — uma vez mais, algo que tem em comum com Einstein — a sua vida privada assumiu por vezes contornos tórridos. Dois casamentos e três filhos fazem prova de uma pessoa para quem o amor e as relações constituem uma componente essencial da vida. Mas a sua ardente ambição e o seu empenho no trabalho, aliados a um feitio por vezes melindroso, foram causando vítimas pelo caminho.

Até a ELA representa algo de paradoxal na sua vida. Embora, escusado será dizer, lhe tenha prejudicado enormemente a qualidade de vida quotidiana, foi este diagnóstico, quando tinha apenas 20 e poucos anos, que sem dúvida marcou o arranque da sua carreira. Tendo de enfrentar a ideia de uma morte prematura, agarrou as oportunidades que lhe eram oferecidas pelos seus talentos com uma paixão e uma energia que não tinha ainda manifestado até esse momento. Sob certos pontos de vista, quase parece que a doença desempenhou um papel importante na libertação da sua imaginação intelectual. Vêm-nos à mente as palavras de Jean-Dominique Bauby, autor de *O Escafandro e a Borboleta*, em que documentava a sua vida depois de um AVC o ter vitimado com a síndrome do encarceramento (uma doença que batizou como o seu escafandro): «O meu escafandro torna-se menos oprimente e o meu espírito levanta voo como uma borboleta.»

Se lhe retirarmos as vestes da ciência, o que por vezes é reconhecidamente intimidante, Hawking surge como uma figura que se permitiu sonhar coisas extraordinárias e que foi abençoada com um intelecto singular que lhe permite encontrar o sentido desses sonhos. Pode ser brilhante e sábio, do mesmo modo que pode ser irritável e difícil. Subjaz a tudo isto um desejo ilimitado de compreender o cosmos que habitamos, uma paixão pelo conhecimento que nem o infortúnio nem o tempo (seja como for que o entendamos) conseguem desgastar. Pensemos nas suas palavras, quase à Peter Pan, em 2013: «Lembrem-se de olhar para cima, para as estrelas, e não para baixo, para os pés. Tentem compreender o que veem e não perder de vista esse espanto quase infantil face à ideia do que permite a existência do Universo.»

Parece-me apropriado dizer neste momento que o objetivo deste livro *não é* questionar as teorias científicas de Hawking. Ele próprio já passou décadas a dissecar o seu trabalho e a decompô-lo em pequenos pedaços digeríveis por uma camada mais global de leitores. Acreditar que conseguiria fazer melhor figura a explicar, por exemplo, o tempo imaginário do que o próprio Hawking seria uma arrogância indevida ao mais alto nível. Embora nem todos os seus escritos populares sejam imediatamente acessíveis, isso reflete menos as suas capacidades como comunicador, mas mais a pura e intrincada complexidade do material que ele aborda. Em suma, se quiser um guia rápido para o trabalho de toda a sua vida, vá diretamente à fonte (começando com *Breve História do Tempo*).

Pelo contrário, *Pensar como Stephen Hawking* pretende abordar o homem por detrás da ciência e além da celebridade. Embora tenha necessariamente de fazer referência à sua ciência nas páginas que aqui se seguem, o meu objetivo é antes explorar a sua personalidade, o modo como se dedicou à sua carreira e o que o motiva e inspira. Este é o mais recente livro da série *Pensar como* e, com cada novo volume, não consigo evitar sentir espanto face ao facto de estes indivíduos exibirem não apenas capacidades e traços de personalidade extraordinários que os distinguem dos outros, como também as fragilidades e as falhas de caráter que, em última análise, fazem com que sejam «como nós». Espero que este livro lance alguma luz sobre a figura que se transformou numa verdadeira epítome da «ciência» na era em que vivemos, mas que também representa tantas das principais facetas daquilo que significa ser humano.

CRONOLOGIA
DE UMA VIDA NOTÁVEL

1942	Stephen William Hawking nasce a 8 de janeiro, em Oxford, Inglaterra, filho de Frank e Isobel Hawking. A família regressa à sua origem no norte de Londres no final da Segunda Guerra Mundial.
1950	Os Hawkings são transferidos para St Albans, cerca de 30 quilómetros a norte de Londres.
1953	Hawking consegue vaga na escola de St Albans. No último ano, é aceite para fazer os estudos na Universidade de Oxford.
1959	Começa o curso de licenciatura em Ciências Naturais, no University College em Oxford, a *alma mater* do seu pai.
1962	Conclui o curso, com a classificação de Muito Bom. Hawking transfere-se então para a Universidade de Cambridge para iniciar os estudos de pós-graduação em Cosmologia. Conhece também a sua futura mulher, Jane Wilde.
1963	É-lhe diagnosticada esclerose lateral amiotrófica (ELA).
1964	Assiste a uma palestra pelo matemático de Birbeck, Roger Penrose, em Londres. As teorias de Penrose sobre as singularidades revelam-se extremamente influentes no espírito de Hawking.
1965	Hawking casa-se com Jane Wilde.

1966	Ao concluir o doutoramento, é admitido no Gonville & Caius College, em Cambridge. Hawking começa a investigar singularidades e buracos negros, colaborando com Roger Penrose.
1967	Jane Hawking dá à luz um filho, Robert.
1969	Quando a ELA se agrava, começa a utilizar uma cadeira de rodas.
1970	Comunica que, segundo as regras da teoria geral da relatividade de Einstein, o Universo poderá ter nascido de uma singularidade. Jane Hawking dá à luz uma filha, Lucy.
1971	Hawking demonstra como o horizonte de acontecimentos de um buraco negro se expande no tempo. Nesse mesmo ano, publica em coautoria com Brandon Carter o «teorema da calvície».
1973	Entra para o quadro do Departamento de Matemática Aplicada e Física Teórica de Cambridge. Hawking e George Ellis publicam *The Large Scale Structure of Space-Time*. É igualmente coautor de quatro leis sobre a mecânica dos buracos negros.
1974	Publica um artigo na revista *Nature* com o título «Black Hole Explosion» [Explosão de Buracos Negros]. Apresenta ao mundo em geral a teoria que lhe dá renome — a radiação de Hawking. É também nomeado professor de Física Gravitacional em Cambridge.
1975	Hawking muda-se com a família para os EUA, para poder trabalhar no Instituto de Tecnologia da Califórnia (Caltech). Durante a sua estada, conhece Kip Thorne, que se torna um colaborador e amigo de longa data. Entretanto, Hawking é galardoado com a Medalha de Ouro Pio XI para a Ciência, atribuída pelo Vaticano.
1977	Hawking e Gary Gibbons desenvolvem um sistema revolucionário de gravitação quântica euclidiana.
1978	Hawking recebe a Medalha Albert Einstein.

1979	É nomeado para a prestigiada cátedra de professor lucasiano de Matemática em Cambridge, um lugar antes ocupado por Sir Isaac Newton, Charles Babbage e Paul Dirac. É também admitido como membro da Royal Society. Jane Hawking dá à luz um terceiro filho, Timothy.
1982	É investido Comandante da Ordem do Império Britânico.
1983	Publica a teoria do Universo «sem fronteiras» em parceria com James Hartle, que descreve o modo como o Universo poderá ter surgido do nada.
1985	Uma crise de pneumonia quase o mata quando está a visitar a Organização Europeia para a Pesquisa Nuclear (CERN), na Suíça. Uma traqueostomia na sequência deste episódio incapacita-o de falar naturalmente.
1987	Recebe a Medalha Paul Dirac.
1988	O seu mais popular livro de ciência, *Breve História do Tempo: do Big Bang aos Buracos Negros*, é publicado e torna-se imediatamente um clássico, batendo recordes de vendas.
1989	É investido Companheiro de Honra.
1990	Separa-se da mulher, Jane, e vai viver com a sua antiga enfermeira, Elaine Mason.
1993	Publicação de *Buracos Negros e Universos Bebés e Outros Ensaios*. Hawking revela também pormenores da sua investigação com John Stewart sobre as «singularidades *thunderbolt*». Além disso, torna-se a primeira pessoa a representar-se a si mesmo em *O Caminho das Estrelas*, com a sua aparição em *A Geração Seguinte*.
1995	Casa-se com Elaine Mason.
1999	Junta-se a outras figuras públicas de destaque, incluindo o arcebispo Desmond Tutu, para promover uma Carta para o Terceiro Milénio, a qual exige uma melhoria dos direitos das pessoas incapacitadas. Também surge como convidado nos The Simpsons pela primeira vez.
2000	A Polícia investiga alegações de que Elaine Hawking teria abusado do marido. Nunca foram apresentadas acusações.
2001	Publicação de *O Universo numa Casca de Noz*.

2002	Publicação de *Aos Ombros de Gigantes: As Grandes Obras da Física e Astronomia*, bem como de *A Teoria de Tudo: A Origem e o Destino do Universo*.
2003	Hawking critica publicamente o papel desempenhado pelo Reino Unido na invasão do Iraque.
2004	Reconhece publicamente ter feito uma aposta sete anos antes, com John Preskill, depois de aceitar que pode escapar informação de um buraco negro.
2005	Publicação de *God Created the Integers* e *Brevíssima História do Tempo*, este último em coautoria com Leonard Mlodinow.
2006	Hawking e Thomas Hertog propõem uma teoria «descendente» da cosmologia. Divorcia-se de Elaine.
2007	Hawking e a filha Lucy publicam o primeiro de uma série de livros de ficção infantis sobre ciência. Cria o Centro de Cosmologia em Cambridge e faz igualmente um voo com gravidade zero, no chamado «Cometa do Vómito».
2009	Após 30 anos, jubila-se como professor lucasiano de Matemática. Recebe a Medalha Presidencial da Liberdade pelas mãos de Barack Obama.
2010	Publicação de *O Grande Desígnio* com Leonard Mlodinow.
2012	Faz a apresentação da cerimónia de abertura dos Jogos Paraolímpicos perante uma audiência televisiva de milhões de espetadores em todo o mundo.
2013	Recebe o Prémio Especial de Física Fundamental, no valor de três milhões de dólares. Publicação de *A Minha Breve História*.
2014	*A Teoria de Tudo*, um filme baseado na vida de Hawking, é nomeado para o Óscar de Melhor Filme pela Academia. Ganhou ainda o prémio de Melhor Ator, pela representação de Hawking por Eddie Redmayne.
2015	Hawking auxilia no lançamento das *Breakthrough Initiatives*, um programa que procura vida extraterrestre. Numa palestra proferida em Estocolmo, na Suécia, descreve igualmente uma nova teoria sobre como poderá escapar informação de um buraco negro.

Seguir o próprio caminho

«Se compreendermos o modo como o Universo funciona, podemos, de certa maneira, controlá-lo.»

STEPHEN HAWKING,
A MINHA BREVE HISTÓRIA, 2013

D esde muito tenra idade, surgiram claros sinais de que Stephen Hawking tinha uma inclinação para as ciências, embora ninguém pudesse prever que se tornaria o cientista vivo mais famoso do planeta. Nasceu a 8 de janeiro de 1942 em Oxford, Inglaterra, para onde os pais, Frank e Isobel, se haviam mudado na esperança de fugir aos bombardeamentos alemães que na altura acometiam Londres. A mãe e o pai tinham também estabelecido ligações com Oxford, já que ambos tinham estudado nesta famosa universidade — Frank licenciou-se em Medicina e Isobel em Filosofia, Política e Economia.

Frank era especialista em doenças tropicais e tinha conhecido a sua futura mulher quando esta trabalhava como secretária clínica em Londres. No período antes da guerra, passou algum tempo na África Oriental, mas regressou à Grã-Bretanha por altura da eclosão da Segunda Guerra Mundial. As autoridades consideraram que o seu contributo seria mais significativo para o esforço de guerra se continuasse o seu trabalho de investigação médica do que se entrasse para as forças armadas.

PREDESTINADO PARA A GRANDEZA?

Refere-se muitas vezes que Stephen nasceu no dia do tricentésimo aniversário da morte de um astrónomo brilhante, Galileu.

Para alguns, trata-se de uma coincidência muito portentosa, embora Hawking tenha minimizado a sua importância sem contemplações, referindo que cerca de 200 000 outros bebés também haviam nascido nesse dia, sendo que a grande maioria viveu as suas vidas sem qualquer influência da sua «ligação» a Galileu. Relevante ou não, Hawking seguiu as pisadas do italiano bastante mais de perto do qualquer um desses outros bebés.

Perto do fim da guerra, a família regressou ao verde subúrbio de Highgate, no norte de Londres, onde levou uma vida confortável — embora longe de ser faustosa. A família viu-se ampliada com a chegada da irmã de Stephen, Mary, em 1943, seguida de Philippa em 1947 e, por fim, um irmão adotado, Edward, em 1954. Por essa altura, os Hawkings tinham-se mudado para St Albans, uma cidade histórica a cerca de 30 quilómetros a norte do centro de Londres. Dado terem idades tão próximas, Stephen e as suas irmãs brincavam juntos, mas também nutriam um sentimento de concorrência. Efetivamente, Stephen descreveu Mary como uma criança mais inteligente do que ele. Por exemplo, enquanto ela dominava a leitura aos 4 anos de idade, ele só aprendeu a ler aos 8. Ele atribuía, em parte, este seu desenvolvimento relativamente tardio nesta área à escola que os pais tinham escolhido para ele, a Byron House School, uma escola progressista que renunciava aos métodos de aprendizagem tradicionais.

Podia não ser propriamente dado à leitura logo desde o início, mas interessou-se sempre pelo funcionamento das coisas. Era praticamente obcecado por modelos de caminhos de ferro, por exemplo, e despendeu as suas poupanças de criança na compra de um modelo elétrico (o qual, relata tristemente, não estava à altura das expetativas). Quando entrou na adolescência, nutria um amor semelhante por modelos de barcos e aviões, dedicando uma grande parte do seu tempo de lazer a criar modelos funcionais. Outro dos seus passatempos era inventar jogos de tabuleiro, muitos dos quais eram extraordinariamente complexos. Por exemplo, para um jogo de guerra, era necessário um tabuleiro com vários milhares de quadrados. Destas formas, Hawking estava a criar miniuniversos que conseguia conhecer na sua plenitude e cujo controlo assumia. Por outras palavras, estava a treinar, numa escala mais pequena, para aquilo que seria o trabalho da sua vida.

A família Hawking proporcionava um ambiente em que se celebrava o pensar de modo diferente. Ambos os pais eram intelectuais que apreciavam um certo estilo de vida boémio. Possivelmente tal não seria desfasado na Highgate da década de 1950, mas era-o certamente na suburbana St Albans (que Hawking descreveu como sendo um local bastante pacato nessa altura). A família gostava, por exemplo, de passar férias numa caravana, que mantinham estacionada junto à estância costeira de Weymouth — pelo menos até o condado os ter obrigado a retirá-la vários anos depois. Passaram também um ano a viajar pela Europa e a Ásia num velho táxi preto londrino.

Noutra ocasião, Isobel (cujo espírito livre a tinha levado antes a tornar-se membro da Liga de Jovens Comunistas) levou as crianças de visita a uma velha amiga em Espanha, casada com o poeta Robert Graves. Stephen acabou por partilhar um tutor com o filho de Graves durante o período de verão.

Em 1951, Hawking foi um ávido frequentador do Festival da Grã-Bretanha, uma celebração do mundo moderno que, assim o esperava o governo britânico, poderia erguer a nação e ajudá-la a sair da sua estagnação pós-guerra. Para o jovem rapaz fã de modelos de St Albans, foi uma verdadeira revelação, despertando-o para novas formas de arquitetura, a par dos mais recentes desenvolvimentos e tendências da ciência e da tecnologia. Com o passar do tempo, estabeleceu-se como membro central de um círculo de amigos que partilhavam uma paixão pela ciência. É significativo notar que, no grupo, Stephen tinha a alcunha de «Einstein». O grupo debatia questões que variavam entre a forma de construir um avião controlado por rádio e o modo como o Universo havia começado e se existia ou não um deus. Não eram possivelmente os miúdos mais populares da escola — Stephen, magro, pouco desportivo e sobrecarregado com o fardo que era o ceceio, era o modelo por excelência do jovem «intelectualoide» —, mas estavam entre os mais inteligentes.

Quando chegou a altura de pensar no que poderia querer estudar na universidade, Hawking estava intransigentemente convicto de que o seu coração pertencia à física (a «ciência mais fundamental») e à astronomia, disciplinas que, na sua opinião, iriam ajudá-lo a «sondar as profundezas do Universo». Mas o pai ficou algo desiludido com esta decisão, já que tinha a esperança de que Stephen seguisse os seus passos na medicina. Contudo, para Stephen, a física, pelo menos sob alguns aspetos, era uma disciplina mais honesta e meritocrática do que a medicina. Por exemplo, muitos anos mais tarde, observaria: «Nunca achei que a minha falta de aceitação social era um impedimento. Mas penso que a física é algo diferente da medicina. Na física, não importa a escola que frequentámos ou quem são os nossos familiares. Importa o que fazemos.»

Os Hawkings tinham empreendido esforços conscientes no sentido de promover o pensamento independente, por isso o Sr. Hawking dificilmente ficou surpreso quando Stephen insistiu em candidatar-se a ciências naturais. O compromisso a que Stephen acedeu residiu na escolha da instituição — a *alma mater* do pai, o University College em Oxford. E foi assim que, ao mesmo tempo que Frank Hawking lançava o filho no caminho da grandeza científica, Stephen afirmou a sua vontade com a convicção que caraterizou toda a sua vida. Não havia de qualquer modo necessidade de Frank se preocupar, já que Mary acabaria por se tornar médica, mantendo assim viva essa tradição familiar.

O talento natural ajuda...

«As minhas habilidades práticas nunca estiveram
à altura das minhas pesquisas teóricas.»

STEPHEN HAWKING,
A MINHA BREVE HISTÓRIA, 2013

O orgulho que a família Hawking sentia pelo seu intelectualismo era algo evidente para todos os que frequentavam a sua casa. Alguns lembram-se de que às refeições reinava muitas vezes um silêncio total, cada um dos membros da família com o nariz enfiado num livro, atento apenas aos seus próprios interesses.

Tendo crescido neste ambiente, Hawking rapidamente se tornou uma espécie de autodidata. A escola fornecia-lhe uma boa educação de base, mas começou a experimentar diversas áreas que não eram abrangidas pelo plano curricular convencional. Esse desejo de compreender «como as coisas funcionam» cedo o levou a abandonar o hábito de desmontar e montar novamente os dispositivos e a começar a ruminar sobre questões de profundidade científica que deixavam perplexas mentes bem mais velhas e cultivadas.

Nem todas as suas investigações conheceram um fim bem-sucedido. Efetivamente, se assim tivesse acontecido, podemos pressupor que Hawking se teria rapidamente cansado delas. O facto de empreender projetos um pouco além da sua capacidade indica-nos apenas que estava já a sondar as fronteiras daquilo que poderia alcançar. Adicionalmente, como nos revela a citação no início deste capítulo, o seu verdadeiro talento residia (e ainda reside) na capacidade de dar autênticas cambalhotas mentais, e não tanto no aperfeiçoamento da sua demonstração prática. Se o jovem Hawking se propusesse a construir um modelo de avião, podíamos ter a certeza de que seria sustentado por uma ciência brilhante, mesmo que o produto final não correspondesse necessariamente ao imaginado com o olho da mente.

Assim, foi o seu espírito inquisidor que o fez destacar-se verdadeiramente dos seus pares em criança. O seu anseio por ser o primeiro a resolver os problemas que deixavam os outros perplexos acompanhou-o ao longo de toda a sua carreira. Nas suas próprias palavras — algo indelicadas — numa palestra no Centro de Ciências Matemáticas de Cambridge, em 2002, «nada se compara ao momento eureca, a descoberta de algo que mais ninguém antes sabia. Não vou compará-lo ao sexo, mas dura mais tempo.»

Foi também abençoado com uma memória naturalmente aguçada, uma qualidade que continuou a afinar quando as incapacidades físicas que o acometeram na idade adulta levaram a que dependesse ainda mais do funcionamento da sua mente.

É conhecido, por exemplo, entre os seus colegas do mundo académico pela sua capacidade de memorizar longas equações (diz-se até que de várias páginas) com uma precisão infalível. Embora seja perfeitamente possível treinarmos a memória para que seja mais eficiente, é difícil almejar um nível de evocação hawkinguiana sem dispor de uma memória de base extraordinária como ponto de partida.

Todavia, Hawking tinha pouca paciência para aqueles que esperam receber reconhecimento meramente pelo facto de terem nascido com um intelecto impressionante. Os elogios e as recompensas deveriam surgir apenas na sequência daquilo que fazemos com esse mesmo intelecto. Colocando a questão de outra forma, debitar uma fantástica e longa equação tem pouco valor se não soubermos como a manusear para abrir uma janela para o mundo. Tinha igualmente pouca tolerância para a cultura ao estilo dos testes Mensa que celebra a chamada «inteligência» por si só. Acusa de «falhados» aqueles que se vangloriam do seu QI (Quociente de Inteligência — uma classificação derivada de testes normalizados) — reconhecendo, e isso há que registar, que espera que o seu próprio QI seja bastante elevado.

Ainda assim, há pouca margem para dúvida de que Hawking nasceu «inteligente» — um facto que, como referimos anteriormente, levou os seus colegas de escola a batizá-lo com a alcunha de «Einstein». Felizmente para o mundo, Hawking acabou por se consciencializar de que não lhe bastava ser inteligente. Na verdade, como veremos mais adiante, as suas ambições estenderam-se ainda mais além do que ser apenas uma segunda versão de Einstein. Como virtualmente qualquer outro agente de mudança do mundo, encerrava em si a ambição de deixar uma verdadeira marca no Universo e compreendeu que não conseguiria alcançar um tão grandioso objetivo apenas com o puro talento.

... mas não vale nada sem trabalho árduo e perseverança

«Toda a minha vida lidei com a ameaça de uma morte precoce, por isso detesto o desperdício de tempo.»

STEPHEN HAWKING, DISCURSANDO NA ESTREIA MUNDIAL DO DOCUMENTÁRIO *HAWKING*, EM 2013

O percurso de Hawking, de prodigioso intelecto natural até ao teórico de relevância global que conhecemos na atualidade, não foi sempre isento de obstáculos. Até começar a estudar para o doutoramento, corria sérios riscos de não alcançar o desempenho desejado. A sua alcunha de estudante indica que o seu potencial estava à vista de todos, mas a verdade é que o seu desempenho académico na escola e, depois, na Universidade de Oxford, esteve aquém daquilo que se poderia esperar.

Hawking foi aprovado no exame final do ensino primário *Eleven Plus* — um exame que, na altura, era amplamente utilizado no Reino Unido para determinar o tipo de escola secundária que os alunos deveriam frequentar — e conseguiu uma vaga na respeitada escola de St Albans, uma escola secundária que recebia os estudantes com «maiores capacidades». Foi imediatamente encaixado no nível académico de topo, mas não conseguiu de todo brilhar. No final do primeiro ano, os resultados colocavam-no na vigésima quarta posição da sua turma e só por pouco evitou ter de descer de nível.

O ano que se seguiu não foi muito melhor, culminando com um vigésimo terceiro lugar, seguido de um décimo oitavo lugar no ano seguinte. Mesmo quando os resultados iam estabilizando à medida que ia progredindo na escola, só raramente ficava posicionado entre a metade superior da turma. Além do mais, a sua caligrafia evidentemente descuidada ajudava a reforçar a ideia, entre vários dos seus professores, de que o rapaz Hawking era um pouco preguiçoso.

Quase de certeza que tinham toda a razão — pelo menos até certo ponto. A sua mente era de tal modo sofisticada que, para ele, o que lhe estava a ser ensinado não constituía qualquer desafio e, há que dizê-lo, era bastante enfadonho. Conseguiu um respeitável número de dez aprovações nos exames *O level* (os *O levels* eram o exame standard realizado na altura pelos alunos de 16 anos), antes de começar a estudar para os *A levels* (exames de nível avançado, realizados após mais dois anos de estudos) em Matemática, Física e Química.

Escolheu física mesmo apesar de considerar que o plano de estudos da escola era demasiado fácil e evidente. Tomou consciência de que era um mal necessário se queria cumprir o seu sonho de empreender estudos mais avançados em Astronomia e disciplinas afins. Eram estes temas que lhe acicatavam a imaginação, já que lhe permitiriam lidar com as grandes questões do Universo. Entretanto, um professor de Matemática chamado Dikran Tahta surgiria como a figura inspiradora por excelência na vida escolar de Hawking. Tahta, que mais tarde se tornaria leitor da Universidade de Exeter, abordava a sua disciplina com uma paixão que incendiou o entusiasmo do próprio Hawking. Promoveu um clima de debate e incitou os seus alunos a explorarem verdadeiramente os seus horizontes intelectuais. Em suma, queria que os seus alunos libertassem a imaginação e que não se concentrassem apenas em passar nos exames.

HAWKING, O ENGENHEIRO DE HARDWARE

Mais do que na Matemática ou nas Ciências, os êxitos mais marcantes de Hawking na escola resultaram das suas atividades extracurriculares. O mais impressionante foi o seu papel proeminente num grupo de rapazes de 16 a 18 anos que construíram um computador funcional (o *Logical Uniselector Computing Engine*, ou LUCE), utilizando equipamento recuperado de uma antiga central telefónica. Isto aconteceu no final da década de 1950, quando ninguém, além dos pesos-pesados das instituições académicas e dos serviços do Estado, tinha na sua posse este tipo de máquinas — o que vem sugerir talvez as possibilidades da mente do nosso engenheiro em potência.

Um testemunho da capacidade em bruto de Hawking, não certamente o seu empenho em rapaz para com o estudo, foi o facto de ter realizado o exame de admissão na Universidade de Oxford com «uma perna às costas», obtendo uma classificação superior a 90 por cento na sua tese. Mas mesmo como estudante de licenciatura no University College, o seu progresso continuou a ser reprimido pela sua convicção de que o curso era demasiado simples, o que estimulou a sua relutância em dedicar-se seriamente aos estudos. Segundo os seus próprios cálculos, durante a sua estada em Oxford, trabalhava em média apenas cerca de uma hora por dia, o que não é nada, mesmo para um génio em ascensão. Além do mais, Hawking era mais novo do que todos os seus colegas, sendo que uma grande parte já tinha cumprido o serviço militar. Sentiu-se por isso solitário e isolado durante grande parte do tempo que passou em Oxford, uma situação que tentou corrigir, começando a praticar remo (tinha a estatura ideal para ser timoneiro). No seu esforço por ter uma vida social, a necessidade de se atirar ao trabalho foi ficando ainda mais débil.

Numa célebre ocasião, o tutor, o Dr. Robert Berman, atribuiu a Hawking e a três colegas uma série de 13 problemas diabolicamente difíceis. Quando o grupo reuniu, semanas mais tarde, os outros tinham tido dificuldade em responder a mais de um ou dois cada. Hawking, pelo contrário, só havia começado a estudá-los no dia em que deveriam apresentar as respostas, mas apresentou-se com nove dos problemas resolvidos. A sua intuição para a disciplina permitia-lhe avançar e obter resultados com um nível mínimo de esforço.

Em 1962, quando se aproximava o fim do curso, a classificação de licenciatura de Hawking estava no limiar entre o correspondente ao Muito Bom e ao Bom+ (2:1). Por fim, foi convocado para um *viva* (prova oral para os alunos que se encontravam nesse patamar entre classificações) e, de acordo com a sua versão dos acontecimentos, disse aos examinadores que, se lhe dessem um Muito Bom, ele deixaria de os incomodar e faria o doutoramento em Cambridge. Se, pelo contrário, lhe dessem um 2:1, teriam de o aturar em Oxford. Recebeu um Muito Bom, claro. Berman sugeriu que o motivo não foi tanto o facto de se quererem livrar de Hawking em Oxford, mas, sim, de os examinadores «terem sido suficientemente inteligentes para perceber que estavam a falar com alguém muito mais inteligente do que a maioria deles».

E assim rumou a Cambridge, sem qualquer indicação de que estivesse de modo algum mais próximo de encontrar a sua ética de trabalho. Bem pelo contrário, existiam plenos motivos para pensar que a sua inadaptação estava ali para ficar. Como ele próprio contaria, em 1992, no programa Desert Island Discs, que esteve em exibição na BBC Radio 4 durante bastante tempo: «Estávamos no final da década de cinquenta e a maioria dos jovens estava desenganada em relação ao que se chamava o poder instalado... Eu e a maioria dos meus contemporâneos estávamos aborrecidos com a vida.»

Aconteceu então algo notável. Hawking passou a levar a vida a sério e começou a trabalhar arduamente. A força motriz da sua reinvenção, como veremos no capítulo seguinte e como evidenciado na citação no início deste capítulo, foi o declínio da sua saúde: Hawking considerou que o tempo estava contra ele e por isso colocou-se em campo. Como abordaremos mais adiante com maior pormenor, a entrada na sua vida de uma jovem chamada Jane Wilde deu-lhe ainda mais motivação para tirar o máximo partido dos seus talentos.

A título profissional, Hawking também conseguiu tirar proveito de uma paciência e (reconhecidamente tardia) auto-disciplina excecionais — um feito que se revela ainda mais impressionante se considerarmos a séria incerteza quanto ao seu tempo expetável de vida. Optando por abordar as questões mais fundamentais do nosso Universo — problemas cujas respostas haviam até ao momento escapado a qualquer exploração —, lançou-se numa carreira em que os atalhos são escassos. O processo de formulação das questões, de conceção de respostas hipotéticas e, depois, de as testar requer uma incrível quantidade de tempo. Tanto mais se pensarmos que a cosmologia não tende a fornecer provas empíricas claras a curto prazo. Conforme contou ao jornal *Guardian* em 2005, «não vale a pena sentirmo-nos furiosos se ficarmos bloqueados. O que faço é continuar a pensar no problema enquanto trabalho noutra coisa. Por vezes, passam-se anos até conseguir vislumbrar o caminho para avançar. No caso da perda de informação e dos buracos negros, demorei vinte e nove anos.»

A ideia de que devemos tirar o máximo partido daquilo que temos para oferecer foi uma convicção que Hawking só começou verdadeiramente a promover nos seus 20 anos, mas a verdade é que se tornou num princípio-guia da sua vida adulta. Numa entrevista em 2011, novamente ao *Guardian*, perguntaram-lhe: «Aqui estamos. O que devemos fazer?». Que respondeu? «Devemos procurar obter o máximo valor para as nossas ações.»

Ver o panorama geral

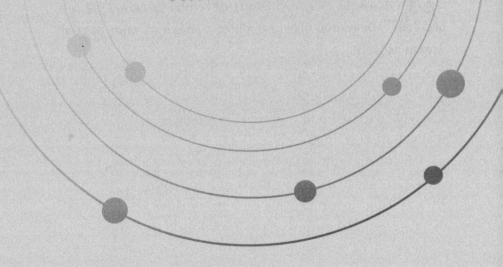

«Dei-me conta de que as estrelas o atraíam.»

OBSERVAÇÃO SOBRE O JOVEM HAWKING PELA SUA
MÃE, CITADA, EM 1992, NO PROGRAMA DE RÁDIO
DESERT ISLAND DISCS

A licenciatura de Hawking em Oxford foi em Ciências Naturais o que, na prática, envolvia muita física e matemática. Ele próprio reconhece que era naturalmente mais físico do que matemático. Contudo, a sua verdadeira vocação era a Cosmologia, a disciplina que constituiu a base dos seus estudos de pós-graduação em Cambridge. Que engloba então a disciplina de Cosmologia e por que razão tanto atraía Hawking?

Podemos argumentar que, quando estava a iniciar a sua carreira, a física estava dividida em dois campos distintos. De um lado, tínhamos aqueles determinados em desvendar os mistérios do Universo na sua totalidade (os cosmólogos) e, do outro, os académicos empenhados em observar o que acontece no plano subatómico, no florescente domínio da mecânica quântica. Os tipos do «panorama geral» e a malta do «pormenor», se assim quisermos. Depois havia quem se esforçasse por unir estas disciplinas, tantas vezes aparentemente contrárias, dos quais Hawking é possivelmente o principal farol da nossa era (na esteira de uma tradição que nasceu seriamente com — e terminou frustrantemente para — Einstein). Esta é naturalmente uma enorme simplificação da situação, mas que encontra algum mérito junto dos historiadores que se ocupam da ciência do século xx.

As suas capacidades naturais eram tais que Hawking poderia ter optado por estudar física de partículas no âmbito do doutoramento, se assim o tivesse desejado. Ao invés, escolheu cosmologia, uma matéria que tinha acabado de iniciar a sua idade de ouro de desenvolvimento teórico, após uma renovação do interesse. Mas a sua emergência ainda estava de tal modo nos primórdios, que Oxford ainda não oferecia um curso.

A cosmologia é então o ramo de pensamento científico que procura compreender a estrutura, as leis e a evolução do Universo, envolvendo todos os seus elementos, desde os fundamentais até à natureza do tempo e do espaço. Como Hawking recordava em *A Minha Breve História*, quando iniciou os estudos em Cambridge, a cosmologia era um «campo negligenciado» que estava «em condições de desenvolvimento». Anteriormente, na década de 1920, Edwin Hubble havia provado que as galáxias se estão a afastar de nós, fornecendo assim provas de que o Universo se está a expandir. Agora a comunidade científica estava determinada em descobrir como tudo havia começado e como poderá terminar. Após anos de frustração perante a falta de desafios com que se deparou durante os seus estudos académicos, Hawking tinha agora um tema em que podia verdadeiramente pôr as mãos à obra.

Era o tipo de ciência pura e sem limites que incendiava a sua imaginação e sentia-se determinado em posicionar-se na linha da frente, descobrindo as leis que poderiam explicar as desconcertantes maravilhas do nosso Universo. Uma oportunidade, poderíamos dizer, de alquimia científica. O seu amor persistente à ciência como ferramenta que permitia tornar compreensível aquilo que é complexo revela-se na entrevista que concedeu em 2011 ao *Guardian*: «A ciência é bela quando apresenta explicações simples para fenómenos ou ligações entre diferentes observações. Alguns exemplos são a hélice dupla na biologia e as equações fundamentais da física.»

Enfrentar o abismo
olhos nos olhos

«Os buracos negros não são tão negros quanto os pintam.»

STEPHEN HAWKING NUMA PALESTRA
NO INSTITUTO REAL DE TECNOLOGIA,
EM ESTOCOLMO, 2015

Na origem da fama de Hawking encontramos o seu modelo teórico dos buracos negros — aquelas zonas do espaço onde a gravidade é tão forte que nem mesmo a luz consegue escapar às suas garras. A gravidade é assim forte nos buracos negros, porque a matéria está condensada num espaço extremamente reduzido — tipicamente quando uma estrela muito grande colapsa sobre si mesma no seu processo de morte. As perspetivas para qualquer coisa que caia num buraco negro não são boas. O termo que Hawking utiliza para o processo de extrema extensão e contorção que a matéria sofre no interior de um buraco negro é «espargue-tização».

Os cientistas vêm postulando a existência daquilo a que atualmente chamamos buracos negros pelo menos desde o século XVIII, embora só em 1915 o físico alemão Karl Schwarzschild tenha demonstrado que a teoria geral da relatividade de Einstein proporcionava o enquadramento teórico para a sua existência (um facto de que nem mesmo o próprio estava muito convicto). Contudo, as duas grandes guerras vieram cercear a continuação de uma investigação séria e coordenada, mas, na era posterior à Segunda Guerra Mundial, os buracos negros foram alvo de um renovado interesse. Vale a pena realçar que a expressão «buraco negro» foi cunhada apenas em 1967, quando John Archibald Wheeler, ex-aluno de Princeton, a introduziu; até então, era comummente utilizada a expressão menos atrativa «estrelas completamente colapsadas gravitacionalmente».

O estudo dos buracos negros assume particular dificuldade, uma vez que são invisíveis pois não emitem nenhuma luz. Efetivamente, a única forma de identificarmos a presença de um buraco negro é registando os seus efeitos nas estrelas circundantes. Estudar buracos negros é, assim, o exemplo acabado de andar às apalpadelas no escuro. Hawking, pelo menos metaforicamente, lançou mais luz sobre estas curiosidades astronómicas do que possivelmente qualquer outro antes dele.

Sabemos atualmente que um buraco negro é composto por um horizonte de acontecimentos (ou seja, uma superfície exterior no interior da qual nada poderá resistir à atração gravitacional do buraco) e por uma singularidade, um ponto de densidade infinita que resulta da implosão de um objeto quando colapsa sob o efeito da sua própria força gravitacional. As leis tradicionais da natureza sugerem que uma singularidade é uma impossibilidade física, mas a cosmologia proclama a sua existência. Hawking viria preencher esta lacuna teórica e definir os parâmetros para as gerações seguintes de investigadores. A sua odisseia cósmica conheceu uma viragem essencial em 1964, quando acompanhou o seu orientador de doutoramento, Dennis Sciama, para ouvir uma palestra pelo reputado matemático Roger Penrose. Penrose ponderava a existência de uma singularidade no centro de um buraco negro.

Hawking pegou na proposta de Penrose e levou-a um passo mais longe, refletindo na possibilidade de a teoria da singularidade ser estendida à totalidade do Universo. Ao fazê--lo, inventou, virtualmente, de um dia para o outro, toda uma nova — e extraordinariamente rica — área de investigação científica.

REESCREVER O LIVRO

> «Muitos prémios têm sido concedidos
> por se mostrar que o Universo não é tão simples
> como se poderia pensar!»
> STEPHEN HAWKING, *BREVE HISTÓRIA DO TEMPO*, 1988

O ano de 1970 seria o *annus mirabilis* de Hawking, durante o qual se estabeleceu firmemente no palco científico mundial. A sua grande oportunidade surgiu com a publicação de um artigo («The Singularities of Gravitational Collapse and Cosmology» [As Singularidades do Colapso Gravitacional e da Cosmologia]) em colaboração com Roger Penrose, que demonstrava de que modo as singularidades resultam inevitavelmente do colapso gravitacional inerente à teoria geral de Einstein.

Nos anos que se seguiram, consolidou a sua fama em ascensão com uma série de descobertas teóricas. Em 1971, por exemplo, demonstrou como o horizonte de acontecimentos de um buraco negro aumenta com o tempo. Nesse mesmo ano, Hawking e Brandon Carter divulgaram publicamente o seu «teorema da calvície», que decretava que os buracos negros se distinguem entre si apenas por diferenças na sua massa, carga e rotação, e nada mais. Em 1973, fazia parte de uma equipa que demonstrou a correlação entre o comportamento dos buracos negros e as quatro leis básicas da termodinâmica.

Seguidamente, em 1974, surgiu aquele que é provavelmente o seu maior contributo para o progresso científico. Hawking utilizou a teoria quântica para defender que os buracos negros emitem um fluxo constante de radiação (ou seja, como mais tarde ele próprio o descreveria, «os buracos negros não são assim tão negros»), sendo que a taxa de radiação aumenta proporcionalmente à redução do tamanho do buraco, até o buraco evaporar completamente. A possibilidade de alguma matéria escapar de um buraco negro assume, assim, um papel crucial, contradizendo a ortodoxia instalada de que nada se consegue libertar de um horizonte de acontecimentos.

Trabalhando numa nova área emergente, Hawking entretinha-se a definir as regras à medida que ia avançando. Sempre um espírito livre, não assumia nada como já lido e interpretado e estava pronto a questionar tudo aquilo que o *statu quo* da ciência pensava já dar como sabido. Consequentemente, os cientistas foram obrigados a começar a olhar para os buracos negros, e para o próprio Universo, de uma forma completamente nova.

Abordar as questões que realmente importam

«Existe uma singularidade no nosso passado que constitui, de certa forma, o início do Universo.»

STEPHEN HAWKING E G.F.R. ELLIS
EM *THE LARGE SCALE STRUCTURE OF SPACE-TIME*, 1973

Desde a sua presença na palestra de Roger Penrose, em 1964, a crescente compreensão de Hawking sobre os buracos negros veio fornecer informações úteis à sua abordagem teórica perante aquela que é certamente a maior questão colocada em cosmologia — como começou o Universo? Numa tentativa de responder a esta pergunta, Hawking deixou de ser uma estrela no firmamento científico para se tornar um ícone global.

A ideia original de que o Universo começou com um Big Bang, uma grande explosão (há cerca de 13,7 mil milhões de anos, segundo os cálculos mais recentes) é amplamente atribuída a um padre belga, Georges Lemaître. No final da década de 1920, dispunha-se de um conjunto de evidências cada vez maior de que o nosso Universo se estava a expandir ativamente — já para não falar do astrónomo britânico Edwin Hubble que, como referimos anteriormente, demonstrou que as galáxias estão a afastar-se de nós a toda a velocidade e em todas as direções. Em 1927, Lemaître sugeriu que o ponto de partida original da expansão do Universo havia sido um átomo primordial.

Outros cientistas desenvolveram gradualmente o seu trabalho para formar uma imagem do início do tempo. Os defensores da teoria do Big Bang imaginavam uma massa de energia e matéria extremamente densa e quente com não mais de alguns milímetros de largura. Esta massa existiu, assim sugeria a sua tese, durante apenas uma fração de segundo, no início do Universo, antes da explosão deste «átomo primevo», libertando enormes quantidades de energia e sofrendo um período de rápida expansão até ao arrefecimento das condições e o Universo como o conhecemos hoje iniciar a sua evolução.

Quando Hawking começou a sua vida académica, o mundo científico estava dividido entre aqueles que estavam convictos de que a teoria do Big Bang encerrava as respostas aos nossos primórdios e aqueles que preferiam uma explicação alternativa. Um dos mais destacados oponentes do Big Bang era Fred Hoyle, que defendia a teoria do estado estacionário, segundo a qual, à medida que as galáxias se afastam entre si, é criada nova matéria de modo a manter uma densidade média constante em todo o Universo. De acordo com esta hipótese, o Universo mantém-se assim basicamente idêntico (à grande escala) ao longo de todos os tempos. Esta perspetiva exclui necessariamente a possibilidade de um momento Big Bang.

Os apoiantes da teoria do Big Bang sentiram-se incentivados em 1965 quando se registou pela primeira vez a radiação cósmica de fundo em micro-ondas. Este tipo de radiação havia sido há muito prevista pelos modeladores do Big Bang, e a sua descoberta parecia vir corroborar grande parte do seu trabalho. Ainda assim, a luta entre os adeptos do Big Bang e os do estado estacionário prosseguiu. Estava deste modo criado o palco para a atuação de Hawking e a sua abordagem revolucionária a tudo.

QUANDO O ESTUDANTE
PASSA A MESTRE

Ironicamente, quando se candidatou a Cambridge, Hawking havia nutrido a esperança de que Fred Hoyle fosse orientador do seu doutoramento. Ao invés, como o tempo veio a demonstrar, o estudante acabaria por desafiar os ensinamentos do mestre.

Outra ironia: foi a Hoyle que se atribuiu a introdução da expressão «Big Bang» no discurso público — fixando assim na mente das pessoas uma ideia que, na verdade, ele esperava conseguir desconstruir.

Desde a semente lançada na palestra de Penrose em 1964, Hawking conjurou a ideia de que o Universo poderia ter emergido de uma singularidade. Se era possível um buraco negro colapsar e formar uma singularidade, não poderia uma singularidade colapsar para fora e criar um Universo? Em 1970, estava convicto desta ideia. Procurando confirmar a sua tese, foi o génio por detrás de sucessivas teorias pioneiras, ou pelo menos desempenhou um papel crucial no seu desenvolvimento. A título de exemplo, foi um destacado defensor da «teoria da inflação», agora amplamente aceite (exposta pela primeira vez por Alan Guth em 1980), a qual argumenta que o Universo sofreu um rápido período de superexpansão nos nanossegundos após a sua criação. Na opinião de muitos cosmólogos, deve-se a esta superexpansão o facto de o novo Universo curvo nos parecer plano a olho nu (tal como nos parece o nosso planeta, a nós que estamos nele) e que zonas fisicamente distantes do céu pareçam similares (uma vez que estiveram inicialmente em contacto entre si).

Será eventualmente mais relevante notar que Hawking (com James Hartle, da Universidade da Califórnia) publicou a teoria do «Universo sem fronteiras» em 1983. Esta teoria procurava abordar a forma como o Universo poderia ter surgido de uma singularidade, da qual — por definição — nada consegue escapar. Baseando-se na teoria quântica para ajustar a teoria geral da relatividade, Hawking e Hartle redefiniram os termos de referência da geometria do espaço-tempo nos primórdios do Universo. Essencialmente, as suas equações afastaram a necessidade de considerar o que existia antes do Big Bang. Como argumentava Hawking, uma vez que a teoria geral provava que o espaço e o tempo não são absolutos, mas sim quantidades dinâmicas moldadas pela matéria e pela energia do Universo, não faz sentido falar de tempo antes do início do Universo. Questionar o que havia antes do Big Bang, diz ele, é como «questionar a existência de um ponto a sul do Polo Sul».

Com a teoria de Hartle e Hawking, os cosmólogos puderam prever a probabilidade de criação espontânea do Universo, que teria iniciado então uma fase de superinflação. Funcionava, no entanto, apenas no contexto daquilo que conhecemos como um Universo fechado — ou seja, um Universo com uma curvatura positiva que se expande como uma bola de praia insuflável. Contudo, à medida que as provas astronómicas iam crescendo e corroborando a ideia de que o Universo pode ser plano ou aberto, mais tarde Hawking reinventou a teoria do Universo sem fronteiras com o colega de Cambridge Neil Turok, de modo a poder aplicá-la igualmente a estes modelos teóricos.

Então, em 2006, Hawking apresentou ao mundo a sua visão de cosmologia «descendente» — uma tese amplamente encarada como uma extensão da teoria do Universo sem fronteiras. Desenvolvida com Thomas Hertog, com quem Hawking tinha trabalhado na Organização Europeia para a Pesquisa Nuclear (CERN), esta abordagem sugere que estamos mais bem posicionados para pegar no Universo no seu estado final (ou seja, o seu estado atual) e ir andando para trás para modelar as suas formas passadas, do que tentar estabelecer o seu estado inicial e, depois, avançar. Abre-se assim o caminho à abordagem cosmológica dos «múltiplos mundos» (ver caixa na página 74), sendo que a tarefa do cosmólogo passou a ser a de discernir que história se encaixa melhor nos nossos dados astronómicos e, a partir daí, calcular a probabilidade de como será o Universo no futuro.

É justo afirmar que a fama global de Hawking se deve, em última análise, ao entusiasmo e à visão que trouxe à questão de saber como começou o Universo (ou, talvez devêssemos dizer, como não começou). No entanto, num sentido mais lato, ele é o cientista vivo mais conhecido do mundo porque abordou as maiores questões de todas, explorando os mistérios fundamentais da nossa existência com uma intrepidez que se aproxima por vezes da arrogância. É uma figura que procura constantemente «sondar as mais remotas profundezas do Universo», como ele próprio formula em *Buracos Negros e Universos Bebés e Outros Ensaios*. Mas a sua formulação mais simples é a que nos apresenta em *A Minha Breve História*: «Sou apenas um miúdo que nunca cresceu. Pergunto permanentemente "como" e "porquê". Por vezes, encontro respostas.»

Aos ombros de gigantes

«É adequado proclamar Newton como
a maior figura da física matemática.»

STEPHEN HAWKING E WERNER ISRAEL
EM *300 YEARS OF GRAVITATION*, 1987

Se pensarmos em todas as suas manifestações públicas de humor autodepreciativo, Hawking não é o tipo de pessoa que subestime o seu lugar no panteão da ciência. É de destacar o facto de não ter ainda sido galardoado com o Prémio Nobel, que muitos consideram ser uma consagração necessária para pertencer à verdadeira elite (pelo menos no domínio científico). Mas falaremos mais adiante da questão deste prémio. Com ou sem ele, os comentadores colocam Hawking regularmente numa orgulhosa linhagem dos grandes da ciência e pouco ou nada nos sugere que ele próprio não sinta que lhe pertence. As informações de promoção dos seus próprios livros, por exemplo, descrevem-no como «um dos físicos teóricos mais brilhantes desde Einstein».

E embora Hawking reconheça a inspiração que recebeu de muitos dos seus célebres antecessores, também não se coíbe de criticar o seu trabalho. Afinal de contas, construiu a sua carreira a testar as suas teses e, em muitos casos, a revê-las, de modo a ajustá-las aos dados astronómicos mais recentes.

Basta-nos analisar o livro que o próprio Hawking publicou em 2002, *Aos Ombros de Gigantes*, para obter uma impressão de quem ele considera serem os seus principais antecessores. Tendo escrito introduções para várias obras-chave da física e da astronomia ao longo de toda a história, inclui nesse rol os escritos de Copérnico, Galileu, Kepler, Newton e Einstein.

Nicolau Copérnico (1473–1543), nascido na Polónia, iniciou uma revolução na forma como a Humanidade encarava o Universo (e, crucialmente, o nosso lugar no mesmo), criando um modelo em cujo centro estava o Sol e não a Terra. Não nos surpreende que Hawking admire a forma como derrubou um dogma estabelecido. De modo semelhante, Galileu Galilei (1564–1642), o italiano que deu passos de gigante na nossa compreensão da astronomia, da massa e do movimento, foi descrito por Hawking numa edição de 2009 de *American Heritage of Invention & Technology* como «mais do que qualquer outra pessoa sozinha... [foi] talvez o responsável pelo nascimento da ciência moderna».

Isaac Newton (1642–1727) — o físico e matemático inglês que se tornou célebre sobretudo pela sua elucidação matemática da gravidade, mas que alcançou muitos outros feitos de relevância — é aclamado na citação coescrita por Hawking no início deste capítulo. Do ponto de vista de Hawking, é simplesmente a *crème de la crème*. Embora Newton tenha supostamente dito «Se vi mais longe, foi por estar aos ombros de gigantes», Hawking valoriza-o como o gigante sobre cujos ombros se apoiaram todos os que se lhe seguiram. E Einstein, disse Hawking, «é a única figura no domínio das ciências físicas com uma estatura comparável à de Newton». Todavia, dado que a teoria geral de Einstein pôde usar como base o trabalho matemático de outros (em especial Bernhard Riemann), ao passo que Newton se viu forçado a «desenvolver o seu próprio mecanismo matemático», na opinião de Hawking, Newton sai em vantagem.

Outros poderiam ser incluídos nesta cronologia de grandes físicos. Poderíamos, por exemplo, pensar em incluir os pioneiros da mecânica quântica — figuras como Max Planck, cujo trabalho inovador nesta área lhe valeu um Prémio Nobel em 1918. Era um dos teóricos que se debatia com a noção assombrosa de que a matéria pode existir contemporaneamente, tanto sob a forma de uma onda, como um conjunto de partículas. Esta ideia veio abalar os alicerces da ciência, uma vez que a incerteza passou a fazer parte da ordem do dia. Podíamos apenas esperar conseguir calcular a probabilidade, por exemplo, de qualquer partícula estar num determinado lugar, num determinado momento, mas agora já não podíamos ter a certeza. Uma vez mais, a nossa visão do mundo foi posta em dúvida.

Em 1979, Hawking foi nomeado para a posição de prestígio de professor lucasiano de Matemática em Cambridge. Esta posição foi ocupada anteriormente não apenas por Newton, mas, no início do século xx, por outro farol essencial da física quântica, Paul Dirac. Também este merece certamente uma posição na grande linhagem. Dirac, por coincidência, orientou a tese de doutoramento do orientador de Hawking, Dennis Sciama. Mas foi o trabalho do primeiro com Richard Feynman nas décadas de 1920 a 1940 — que deu origem a brilhantes teorias sobre campos quânticos quando examinavam a mecânica quântica e os campos eletromagnéticos — que exerceu a influência mais duradoura no trabalho de Hawking.

Num discurso proferido em 1995 numa homenagem a Dirac na Abadia de Westminster, em Londres, Hawking apelidou-o de «o maior físico teórico desde Newton». Olhando para a sua própria extraordinária carreira, Hawking deve olhar para si mesmo como outro candidato a esse título.

HAWKING E EINSTEIN

«Einstein e Hawking mereceram o seu estatuto de superestrelas, não só pelas suas descobertas científicas, mas também pelas suas excelentes qualidades humanas.»

FREEMAN DYSON,
THE NEW YORK REVIEW OF BOOKS, 2011

Desde que os seus colegas de escola o alcunharam de Einstein, é a esse ícone da ciência que Hawking tem sido mais regularmente equiparado, embora se esquive a essa comparação. Alguns consideram-no quase como o seu sucessor natural, mas a realidade é um pouco mais pantanosa do que isso. Ainda assim, existem muitos paralelismos evidentes entre as vidas e o trabalho destes dois homens.

Hawking passou uma parte significativa da sua carreira a perfilhar a chamada «teoria de tudo» (ver página 63), que procura estabelecer um conjunto de regras que reconciliem a teoria geral da relatividade com as leis quânticas que, tantas vezes, parecem não encaixar uma na outra em aspetos fundamentais. Este é um objetivo que também Einstein ansiou alcançar e que acabou por o derrotar. Nesta fase já tardia da sua vida, há certamente dúvidas de que Hawking venha a conseguir ser mais bem-sucedido. Ainda assim, foi esta lendária demanda que aliou as carreiras de Einstein e Hawking no imaginário popular.

Existem igualmente ecos de Einstein em Hawking a nível mais pessoal. A sua curiosidade natural e o seu extraordinário intelecto não conseguiram brilhar no contexto das limitações da sua primeira educação formal. Com alguma sintonia, os dois homens sentiram que os seus conhecimentos de matemática ficavam muitas vezes aquém dos avanços do seu pensamento teórico. Por outras palavras, ambos lutaram, por vezes, para conquistar a matemática que explica os fenómenos que conseguiam visualizar nas suas mentes.

Do mesmo modo que se notabilizou no domínio teórico, Einstein era uma espécie de perigo na ciência aplicada, sendo que por vezes as suas experiências pouco sofisticadas se revelavam perigosas para a vida e a integridade física no laboratório. Hawking preferiu também trabalhar sempre no domínio da sua imaginação, e não no laboratório, mesmo antes de, com a doença, não lhe ter restado outra escolha. Não será exagero afirmar que estão entre os maiores expoentes da história da experimentação mental (por outras palavras, a análise de uma tese e da sua viabilidade ao nível da imaginação, em vez de recorrer a testes práticos).

Além do mais, ambos se ocupavam de assuntos mais vastos — desde a questão de saber se existe um deus, até preocupações face à proliferação das armas nucleares, bem como a tendência para atitudes socialmente liberais. Ambos utilizaram a sua fama para angariar apoio para causas que estimavam profundamente (ver página 144). Depois temos a sua experiência partilhada de vidas pessoais distintamente complicadas, incluindo divórcios e novos casamentos, como que para provar que é possivelmente mais fácil navegar nos mistérios do Universo do que dominar os assuntos do coração.

Contudo, em última análise, estão unidos como ícones duradouros da ciência — uma arena que nos oferece tradicionalmente poucas figuras preciosas que tenham transcendido o universo académico para se tornarem personalidades reconhecidas de direito próprio. Cada um tornou-se a face humana do pensamento científico no respetivo tempo. Podemos não compreender a teoria da relatividade e podemos não ter conseguido passar das primeiras vinte páginas de *Breve História do Tempo*, mas conseguimos reconhecer tanto Einstein como Hawking num desfile de identidades e saberemos de algum modo que o seu trabalho é importante e brilhante. E isto é, possivelmente, tudo a que qualquer cientista pode aspirar.

Ao escrever no *New York Review of Books* em 2011, o muito apreciado físico teórico Freeman Dyson referiu-se assim a este duo: «Ambos cabem facilmente no papel de ícone, reagindo à adoração do público com modéstia e bom humor, bem como com afirmações provocadoras calculadas para dominar as atenções. Ambos dedicaram a vida a procurar intransigentemente penetrar nos mais profundos mistérios da natureza e ambos ainda tiveram tempo para se ocuparem das ralações práticas das pessoas comuns. O público ajuizou-os justamente como verdadeiros heróis, amigos da Humanidade e magos científicos.»

Há que ser iconoclasta

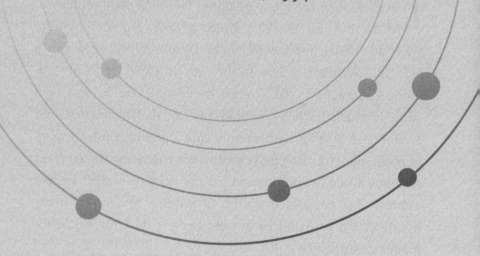

«Por isso, Einstein estava errado...»

STEPHEN HAWKING, NUM DEBATE NO INSTITUTO
DE CIÊNCIAS MATEMÁTICAS ISAAC NEWTON,
EM CAMBRIDGE, 1994

E mbora Hawking reconheça a dívida que tem para quem o antecedeu, a verdade é que não respeita uma reputação apenas por si só. No universo de Hawking, nada é sagrado. A sua iconoclastia é uma caraterística que se revela por vezes num gesto grandioso e que, noutros momentos, se manifesta de forma muito mais subtil.

É conhecido, por exemplo, por utilizar discretamente a cadeira de rodas contra aqueles que o provocam. Uma vez, atropelou os dedos dos pés do Príncipe de Gales, embora não tenha ficado claro se o Príncipe Carlos teria «merecido» tal ataque ou se fora vítima de alguma falha de controlo do veículo por parte de Hawking. Ainda assim, quando, anos mais tarde, amigos interpelaram o cientista sobre o incidente, este confessou que gostaria de poder fazer o mesmo à então primeira-ministra, Margaret Thatcher.

Trabalhando na linha da frente do mundo académico há tanto tempo, Hawking confrontou-se com muitos colegas de profissão com grandes reputações e raramente se esquivou de os enfrentar se considerasse necessário. Uma das suas «vítimas» de maior destaque foi Fred Hoyle, defensor da teoria do estado estacionário, contra a qual Hawking, como discípulo do Big Bang, argumentou ferozmente. Depois de superar a desilusão ao saber que Hoyle não orientaria o seu doutoramento quando se mudou de Oxford para Cambridge, Hawking não tardou a sentir algum alívio por não ter de trabalhar com base nos pressupostos de Hoyle.

Pouco depois de chegar a Cambridge, Hawking travou amizade com Jayant Narlikar, um dos assistentes de investigação em pós-graduação de Hoyle. Nas suas muitas conversas, Hawking começou a suspeitar de que Hoyle não estava correto num determinado aspeto da investigação que empreendia na altura. Com uma tendência para o drama e uma temeridade quase arrogante, Hawking decidiu abordar a questão junto de Hoyle, no final de uma palestra de alto gabarito que o homem mais velho estava a proferir na célebre Academia Real de Londres. Hawking optou assim por derrubar o seu colega mais experiente (na altura) e muito mais famoso numa arena muito pública. Apesar de não ter constituído um assassinato intelectual cabal, ainda assim fez lembrar a história de Bruto e César nos Idos de Março.

Hoyle não se mostrou impressionado com o episódio, o que não constitui surpresa, mas entra para um impressionante rol de nomes famosos que foram vítimas de um fulminante ataque desferido por Hawking. Como mostra a citação no início deste capítulo, nem mesmo Einstein escapou inteiramente às suas tendências mordazes, naquela ocasião sobre a questão da incerteza quântica no Universo. Mais adiante abordaremos igualmente a posição progressivamente arreigada que Hawking assumiu face à questão de saber se existe de todo um deus, mas para já basta dizer que os ícones espirituais estão tão expostos à crítica como os ícones seculares.

Pensamos, por exemplo, na sua resposta melindrosa a um galardão concedido pelo Papa em 1975 — a Medalha Pio XI atribuída pela Academia Pontifícia das Ciências. Graças a uma interpretação algo simplista da teoria do Big Bang, alguns teólogos acreditavam na tese (por defender um «momento de criação»), apoiados na ideia de um deus criador. Nestas condições, Hawking não seria um candidato assim tão improvável ao galardão como poderíamos pensar hoje (embora ele próprio nunca tenha argumentado que o seu trabalho corroborava uma tal posição).

Por um mero acaso, recebeu a notícia da honra que lhe havia sido atribuída quando tinha acabado de ver a muito proclamada série televisiva de Jacob Bronowski, The Ascent of Man [A Escalada do Homem]. O episódio que especificamente tinha acabado de ver incluía pormenores da provação de Galileu e os longos anos de prisão domiciliária, um castigo infligido por um Vaticano enraivecido pela insistência de Galileu de que a Terra não era o ponto focal do Universo. Era tal a ira em retrospetiva que Hawking nutria face ao comportamento do Papa, que estava disposto a recusar o galardão (para que foi recomendado por Paul Dirac), mas convenceram-no posteriormente a aceitar. Todavia, estava determinado a marcar a sua posição em nome de Galileu quando visitou o Vaticano para receber a medalha. Arriscando-se a uma cena potencialmente incómoda, exigiu consultar o registo da provação do seu celebrado antecessor, que era conservado na Biblioteca do Vaticano. Tinha assim deixado clara a sua posição.

Nem a idade veio moderar a sua prontidão para confrontar e debilitar os alvos que, em sua opinião, merecem este tratamento. Em 2011, como orador na Conferência *Zeitgeist* da *Google*, tinha diante de si todo o universo atual da filosofia quando alegou que esta disciplina estava morta, essencialmente porque, em seu parecer, os filósofos foram consistentemente incapazes de acompanhar o ritmo dos desenvolvimentos científicos modernos. Os cientistas, afirmou, sem um único laivo de enrubescimento, «tornaram-se os portadores da tocha da descoberta na sua demanda pelo conhecimento». Necessariamente, sendo uma pessoa que passou toda a vida a questionar crenças e pressupostos de longa data, Hawking não tem paciência para vacas sagradas.

Não impor limites à ambição

«A minha meta é simples. É a compreensão integral do Universo, do motivo pelo qual é o que é e por que razão sequer irá acabar.»

STEPHEN HAWKING, CITADO EM *STEPHEN HAWKING'S UNIVERSE* [*O UNIVERSO DE STEPHEN HAWKING*], JOHN BOSLOUGH, 1985

Um dos mais notáveis contributos de Hawking para a cosmologia é a teoria do «Universo sem fronteiras»; efetivamente, a sua recusa em reconhecer qualquer tipo de fronteira é uma caraterística que encontramos ao longo de toda a sua carreira. A melhor forma de o ilustrar é com a sua enérgica demanda em busca da chamada teoria de tudo, que pretende preencher as lacunas existentes entre a teoria geral de Einstein e o mundo da mecânica quântica. É uma demanda de proporções dignas do rei Artur, que desorientou todos os que vieram antes dele, em que se destaca (como referido anteriormente) o próprio Einstein.

À medida que Hawking ia evoluindo na sua teoria de que o Universo emergiu de uma singularidade, foi deparando vezes sem conta com o mesmo problema — as equações da teoria geral de Einstein colapsam quando são aplicadas a uma singularidade. Mas, porque Einstein desenvolveu a sua teoria de modo que fosse aplicada a toda a vastidão do Universo, não considera a estrutura de matéria em escala reduzida com que se lida em mecânica quântica. Por isso, ao tentarmos aplicar a teoria geral ao Universo quando este tinha não mais do que uma pequeníssima fração de milímetro de largura, há que considerar a estrutura quântica. É, por conseguinte, necessária uma teoria de tudo que alie as duas abordagens discrepantes.

A própria expressão «teoria de tudo» não está isenta de problemas. Para começar, mesmo que se consiga alinhar na perfeição a teoria geral e a mecânica quântica, muitos duvidam de que teremos «todas as respostas» para os grandes mistérios. Por exemplo, embora possa explicar de uma forma geral o modo como aqui surgimos fisicamente, será que estaremos sequer perto de responder às grandes questões filosóficas como, por exemplo, porque é que aqui estamos (se é que existe mesmo uma «razão»)? Ainda assim, é o tipo de expressão que capta imediatamente a imaginação (o filme galardoado com um Óscar em 2014 sobre a vida de Hawking assumiu-a como título) e é atrativa para os autores das parangonas dos jornais. Nem Hawking, mestre de cerimónias, pode ser acusado de ter desencorajado particularmente a sua utilização, uma vez que se esforçou por disseminar o seu trabalho na esfera pública.

Em 1980, por exemplo, na sua palestra inaugural como professor lucasiano de Matemática, sob o título «Estará à Vista o Fim da Física Teórica?», alegou que os cientistas tinham a teoria de tudo ao alcance da mão. Efetivamente, chegou ao ponto de prever que esta seria descoberta antes do final do século. (Dezoito anos depois, noutra apresentação pública, reconheceu que «não me está a parecer que vamos conseguir».) Num momento ainda mais célebre, concluiu *Breve História do Tempo* com uma promoção espirituosa e memorável da teoria:

«Todavia, se descobrirmos uma teoria completa, deve acabar por ser compreensível, na generalidade, para toda a gente e não apenas para alguns cientistas. Então poderemos todos — filósofos, cientistas e pessoas vulgares — tomar parte na discussão do porquê da nossa existência e da do Universo. Se descobrirmos a resposta, será o triunfo máximo da razão humana, porque nessa altura conheceremos a mente de Deus.»

Na demanda por este Santo Graal do conhecimento humano, Hawking apostou enormemente na teoria das cordas (ou, para lhe darmos a sua designação completa, a teoria das supercordas) e, especialmente, na teoria M, que teve origem na primeira. A teoria das cordas, que se estabeleceu entre um amplo corpo de físicos teóricos na década de 1970, foca a sua atenção nas partículas, de forma diversa das partículas tipo ponto zero dimensional da física de partículas tradicional. Na teoria das cordas, as partículas são modeladas como cordas vibrantes unidimensionais, sendo que as vibrações definem as suas caraterísticas. O Universo, segundo a teoria das cordas, está cheio destas cordas vibrantes que interagem constantemente entre si. A teoria das cordas dá origem à ideia de que as partículas quânticas transportam uma força gravitacional, e proporciona uma explicação para, entre outras, as caraterísticas dos buracos negros que, de outro modo, pareciam contrariar a teoria geral.

A teoria M surgiu na década de 1990, principalmente através do trabalho de Edward Witten. O «M», conforme sugeriu, poderia significar variavelmente «mágico», «misterioso» ou «membrana». Independentemente da sua etimologia, procura unificar as cinco versões amplamente aceites até ao momento da teoria das cordas numa única teoria que abarque as 11 dimensões. Está ainda incompleta e há ainda trabalho a fazer na criação de um enquadramento matemático que a explique integralmente, mas Hawking fez uma tentativa nesta área, com a publicação de *O Grande Desígnio*, um livro que escreveu com Leonard Mlodinow em 2010, onde delineiam e expõem a teoria.

Hawking é astuto e sabe que falar da teoria de tudo lhe irá certamente trazer a atenção do público. Mas também é realista. Com a passagem dos anos, as suas manifestações públicas sugerem que a sua fé em alguma vez alcançar uma teoria completa e unificada se está a desvanecer. Tomemos, por exemplo, o prefácio da sua coletânea de obras selecionadas publicada em 1993, *Buracos Negros e Universos Bebés e Outros Ensaios*. Já aqui é possível ver como a sua audaz previsão de 1980 começa a dar lugar a uma abordagem muito mais cautelosa:

> «Os artigos científicos deste volume foram escritos na crença de que o Universo é regido por uma ordem que, por enquanto, só percebemos parcialmente, mas que poderemos compreender totalmente num futuro não muito distante. Esta esperança pode ser apenas uma miragem; pode não existir uma teoria definitiva, e mesmo que exista, é possível que não a cheguemos a descobrir. Mas é certamente preferível lutar por uma compreensão completa do que perder a esperança na mente humana.»

Em 2002, numa palestra que proferiu sob o tema «Gödel e o Fim da Física», foi ainda mais longe:

«Algumas pessoas ficarão muito desiludidas se não existir uma derradeira teoria que possa ser formulada sob a forma de uma quantidade finita de princípios. Eu costumava pertencer a esse grupo, mas mudei de ideias. Agora estou satisfeito por saber que a nossa busca em compreender nunca acabará e que teremos sempre o desafio de uma nova descoberta.»

Justificando a sua posição inegavelmente nova, citou os «teoremas da incompletude» do filósofo, matemático e lógico austro-americano, Kurt Gödel.

Publicada em 1931, a tese extremamente complexa de Gödel argumentava que todo e qualquer sistema de lógica (como um determinado ramo da matemática) é necessariamente incompleto, já que são sempre concebíveis afirmações que não são passíveis de ser comprovadas nem refutadas com base nas regras habituais desse sistema lógico. E se quisermos comprovar ou refutar essas afirmações importando novas regras ou axiomas no sistema, em última análise estaremos apenas a criar um novo sistema, maior, com o seu próprio conjunto de afirmações improváveis. Seguindo a lógica de Gödel, Hawking foi obrigado a concluir que uma verdadeira teoria de tudo nunca poderá ser alcançada. (Embora possamos supor que a própria lógica de Gödel deverá, segundo o seu próprio argumento, estar incompleta, e nesse caso poderá ainda comprovar-se que as suas conclusões são incorrectas...) Contudo, Hawking usou como referência os teoremas da incompletude, não para desencorajar as pessoas envolvidas na busca da teoria de tudo (um grupo ao qual continua a pertencer), mas, sim, para sugerir que talvez não nos devêssemos preocupar em demasia se essa busca, afinal, não culminar no conhecimento da mente de Deus.

Imaginar o Universo dentro da cabeça

«Penso em termos pictóricos.»

STEPHEN HAWKING,
A MINHA BREVE HISTÓRIA, 2013

A afirmação na página anterior foi proferida por Hawking ao falar de *Breve História do Tempo*. Disse que o livro era, em parte, uma tentativa de descrever a um público mais vasto as imagens mentais que transporta dentro da sua cabeça, recorrendo a palavras e meia dúzia de diagramas.

Tendo passado a sua vida adulta a lidar com uma cada vez menor capacidade de comunicação verbal (tanto oral como através da escrita), será talvez pouco surpreendente que ele processe as ideias no plano predominantemente visual. Ainda assim, para nós que estamos mais habituados a fermentar as nossas ideias na árdua tarefa da tradicional linguagem falada ou escrita, trata-se de uma abordagem que se torna conceptualmente difícil. Apesar de parecer eminentemente possível que as limitações físicas de Hawking tenham promovido um aperfeiçoamento das suas capacidades de visualização (da mesma forma que existem evidências a sugerir que, por exemplo, as pessoas cegas desenvolvem o sentido de audição de forma a ficar mais apurado), também nos parece provável que Hawking tenha nascido com uma capacidade inata de «ver» as ideias e visualizar os conceitos que muito poucos de nós podem aspirar a imitar.

Acontece assim, por exemplo, quando Hawking consegue lidar com a noção (exigida pela teoria M) de que o Universo inclui 11 dimensões. Num artigo de 2005 no jornal *Guardian* (com o título «Return of the Time Lord» [O Regresso do Senhor do Tempo]), reconheceu que esta perspetiva multidimensional do Universo nos apresenta algumas dificuldades: «A evolução garantiu que os nossos cérebros simplesmente não estão equipados para visualizar 11 dimensões diretamente», acrescentando que: «no entanto, do ponto de vista puramente matemático, é tão fácil pensar em 11 dimensões como em três ou quatro». Muito provavelmente, ficamos nós com a pergunta «É mesmo assim?», enquanto nos esforçamos por lidar com as três dimensões do costume.

As suas extraordinárias capacidades de visualização são evidentes, por exemplo, no trabalho que o colocou na linha da frente da busca pela compreensão da gravidade quântica na década de 1970. Em colaboração com Gary Gibbons, desenvolveu um sistema de gravidade quântica euclidiana que nos permite transformar matematicamente (recorrendo a axiomas de Euclides, matemático da Grécia Antiga) a dimensão do tempo de modo que se correlacione com as dimensões de espaço. Desta forma, podemos simplificar grandemente uma boa parte do trabalho matemático que é necessário para estudar, por exemplo, as caraterísticas dos buracos negros. A gravidade quântica euclidiana foi igualmente vital para a formulação do teorema do Universo sem fronteiras de Hartle--Hawking.

Ao longo da sua carreira, Hawking tornou-se na verdadeira imagem de marca do conceito conhecido como «tempo imaginário» — uma ideia que a maioria de nós pode contemplar com espanto sem compreender verdadeiramente. Hawking tornou-se famoso por trazer o tempo imaginário até às massas em *Breve História do Tempo*, mas prefere encará-lo como «aquilo que no livro as pessoas têm mais dificuldade em compreender». Tentou explicá-lo novamente no livro de 2001, *O Universo numa Casca de Noz*. Primeiro descreveu aquilo que imaginamos como o «tempo regular» como uma linha horizontal com o «passado» numa extremidade e o «futuro» na outra. O «tempo imaginário», pelo contrário, é perpendicular ao «tempo regular», de modo a assumir o aspeto de outras dimensões espaciais. Não é por isso imaginário no sentido de não ser real ou de ter sido inventado. «Do ponto de vista da filosofia positivista», explicou, «não podemos determinar o que é real. Tudo o que podemos fazer é determinar os modelos matemáticos que descrevem o Universo em que vivemos. Acontece que um modelo matemático que envolva tempo imaginário prevê não apenas efeitos que já tenhamos observado, mas também efeitos que não conseguimos medir, mas em que ainda assim acreditamos, por outros motivos. Assim, o que é real e o que é imaginário? Será que essa distinção existe apenas na nossa cabeça?»

Por outras palavras, para Hawking, o tempo imaginário é apenas mais uma ferramenta para facilitar o trabalho de compreendermos a realidade à nossa volta. Uma forma, como ele próprio uma vez descreveu, de nos esquivarmos à espinhosa noção científica e filosófica de que o tempo tem um início, transformando-o numa direção no espaço. Contudo,

Hawking acabou mais tarde por garantir a quem ainda lutava com esta máxima que não é verdadeiramente necessário compreender o tempo imaginário em todo o seu pormenor para entender a sua relevância no seu trabalho, bastando apenas perceber que o tempo imaginário é diferente daquilo a que designamos por tempo real. Felizmente, Hawking consegue ver tudo isto representado na sua cabeça, mesmo que nós não.

Este extraordinário «terceiro olho» evoca-nos mais elos de ligação entre Hawking e Einstein. Este último, por exemplo, registou uma vez: «Só muito raramente penso de todo em palavras. Vem-me um pensamento e posso depois tentar expressá-lo em palavras.» Poderia ter sido Hawking a falar de *Breve História do Tempo*. Noutra ocasião, escrevendo em 1945, Einstein afirmou que «as palavras ou a linguagem, quando escritas ou faladas, não parecem desempenhar qualquer papel no meu mecanismo de pensamento». Ao invés, descrevia «entidades físicas que parecem servir como elementos no pensamento» que «eram imagens mais ou menos claras que podem ser "voluntariamente" reproduzidas e combinadas».

A natureza do trabalho de cada um implicava que tanto Einstein como Hawking trabalhavam (por vezes literalmente) às escuras. Eram tão profundos os mistérios que enfrentavam, que apenas as mentes mais verdadeiramente inventivas e visionárias teriam alguma hipótese de serem bem-sucedidas. Ambos poderiam arrogar-se de serem quase super-humanamente dotados neste domínio. Einstein comentou em 1929: «A imaginação é mais importante do que o conhecimento. O conhecimento é limitado. A imaginação dá a volta ao mundo.»

A INTERPRETAÇÃO DE MUITOS MUNDOS

«Poderá existir uma história em que a Lua é feita de queijo roquefort. Mas observámos que a Lua não é feita de queijo, e isso são más notícias para os ratos.»
STEPHEN HAWKING, *O GRANDE DESÍGNIO*, 2010

Numa reflexão sobre a ginástica mental de Hawking, seria negligente ignorar a forma como se fundou na chamada «interpretação de muitos mundos» (IMM) — e na «soma das histórias» de Richard Feynman em particular.

A IMM foi impulsionada pelo físico norte-americano Hugh Everett III, no final da década de 1950, e quem a batizou com o seu nome caraterístico foi o académico, também americano, Bryce Seligman DeWitt, alguns anos mais tarde. (Muito) resumidamente, esta hipótese argumenta que existe uma quantidade potencialmente infinita de Universos, pelo que tudo o que poderá ter acontecido no passado no nosso próprio Universo já aconteceu num Universo paralelo, conduzindo à existência de todas e quaisquer histórias e futuros. Por outras palavras, a realidade torna-se multirramificada, sendo que a nossa realidade se desenrola apenas no ramo em que existimos em particular. Em termos de mecânica quântica, isto permite a realização de todos os potenciais resultados, eliminando a «aleatoriedade» do mundo quântico.

Hawking utilizou a IMM como ferramenta para calcular as probabilidades de existência de uma Condição A hipotética considerando a existência observável da Condição B. Saber se todos esses Universos paralelos existem sob a forma de realidade física torna-se, em certa medida, irrelevante, uma vez que a sua simples existência teórica serve os seus fins. No que toca à sua demanda para determinar como o Universo começou, Hawking recorreu especialmente ao trabalho de Richard Feynman (um homem descrito por Hawking como uma «personagem colorida», a que não é alheio o facto de Feynman revelar uma tendência para tocar bongos num bar de *striptease* em Pasadena, nos momentos em que não estava a ser um físico brilhante) e à sua «soma das histórias» (também conhecidas como «formação de integrais de linha da teoria de campos quânticos»). Hawking explicou-a na palestra J. Robert Oppenheimer que proferiu na Universidade da Califórnia, em Berkeley, em 2007:

«Para compreendermos a origem do Universo, temos de combinar a teoria geral da relatividade com a teoria quântica. A melhor forma de o fazer parece ser utilizando a ideia da soma das histórias de Feynman... Ele propôs que um sistema passava do estado A para o estado B, usando todo e qualquer caminho ou história possível. Cada caminho ou história tem uma determinada amplitude ou intensidade, e a probabilidade de o sistema passar de A para B é calculada somando as amplitudes de cada caminho. Haverá uma história em que a Lua é feita de queijo roquefort, mas a amplitude é reduzida, e isso são más notícias para os ratos.»

Aplicando a soma das histórias de Feynman à abordagem de Einstein sobre a gravidade, Hawking explicou, em *Breve História do Tempo*, que «o que é análogo à história de uma partícula é agora um espaço-tempo completamente curvo, que representa a história do Universo no seu conjunto». Por outras palavras, a ponte entre a teoria geral e os limiares da mecânica quântica nunca antes tinha estado tão curta, graças ao contributo, que não foi pequeno, da capacidade que Hawking tem de capturar o Universo com o seu olho mental.

Não deixar que os infortúnios nos definam

«Penso que as pessoas com incapacidades físicas diriam que ele é atualmente a maior celebridade. E já demonstrou que ter uma incapacidade não é obstáculo para alcançar grandes feitos.»

DR. TOM SHAKESPEARE, DEFENSOR DOS DIREITOS DAS PESSOAS COM INCAPACIDADE, 2015

H awking tinha 20 anos e o mundo aos seus pés quando os primeiros sinais da doença grave começaram a manifestar-se. A primeira coisa que notou foi que já não conseguia remar uma canoa como deve ser e também começou a ter dificuldade em apertar os atacadores. Quando regressou a St Albans no Natal de 1962, saiu para patinar no gelo, caiu e mal se conseguiu levantar — e foi esta a primeira vez que a mãe se apercebeu de que algo não estava bem. Amigos que estavam presentes na festa do seu vigésimo primeiro aniversário, em janeiro de 1963, observaram como não conseguia servir devidamente as bebidas. Após uma queda numas escadas, consultou um médico, o qual aconselhou que moderasse o seu consumo de álcool. Acontece que, por essa altura, a mãe já estava convicta de que havia algo mais e insistiu em que se fizessem mais exames. Acabou por lhe ser diagnosticada esclerose lateral amiotrófica (ELA) — uma doença degenerativa debilitante. O prognóstico não podia ter sido mais cruel. Podia contar não passar dos 20 e poucos anos.

Hawking ficou naturalmente muito abalado e iniciou um período psicologicamente negro, forçado a confrontar-se com a sua própria mortalidade. Embora ele próprio tenha negado relatos posteriores de que teria começado a consumir álcool em demasia, encontrou consolação na música de Wagner e tornou-se aquilo que ele próprio descreveu como «uma figura algo trágica». Todavia, conseguiu emergir desta fase mais focado e mais determinado do que nunca em deixar a sua marca no mundo. Qualquer indignação que pudesse ter sentido por ser atacado por uma doença tão implacável foi posta de lado para ir ao encontro da sua realização pessoal. E quando os demónios teimavam em aparecer, recordava um rapaz que tinha estado na cama de hospital à sua frente antes de morrer de leucemia. Sempre que sentia pena de si próprio, Hawking dizia a si mesmo que há sempre alguém em pior situação.

Antes do diagnóstico, os estudos de Hawking andavam um pouco à deriva. Depois, lançou-se na sua investigação com renovado vigor. Teve um momento decisivo — apercebeu-se de que havia um sem-fim de coisas que valia a pena fazer se lhe fosse permitido viver mais tempo e, já que de qualquer modo ia morrer, «podia fazer algo de positivo». Nas palavras de Nathan Myhrvold (que trabalhou com Hawking antes de fazer fortuna com a venda do seu negócio de computadores a Bill Gates e tornar-se uma figura-chave na ascensão da Microsoft), «uma vez Stephen tentou convencer-me de que a sua doença era uma vantagem porque o ajudava a concentrar-se no que é importante».

Para sua surpresa, Hawking concluiu que, em muitos aspetos, estava a gostar mais da sua vida após o diagnóstico do que da versão antes do diagnóstico. Tal deveu-se em grande medida à entrada de Jane Wilde na sua vida, a mulher que se tornaria a sua primeira mulher. Encorajado pelo seu apoio, começou igualmente a fazer sérios progressos nas suas investigações científicas. E assim começou a ascensão da sua notável carreira.

Também beneficiou de algumas vantagens práticas. Há muito que Hawking reconhece que a sua carreira beneficiou do facto de não ter sido obrigado a assumir o penoso volume de aulas e reuniões de comissões a que muitos dos seus colegas dotados de integridade física tinham de comparecer. A sua incapacidade proporcionou-lhe também muito tempo livre em que pouco mais podia fazer senão pensar. Como diria o professor Brian Cox a jornalistas em 2012: «Uma das coisas que me disse foi que passa muito tempo a teorizar enquanto tenta entrar e sair da banheira, simplesmente porque demora muito.» Este exemplo indica-nos a forma como Hawking consegue pegar em algo que poderia ser fonte de uma imensa frustração e transformá-lo em qualquer coisa construtiva e valiosa.

Sempre com a deterioração da sua saúde em plano de fundo há mais de cinco décadas, a estrelinha de Hawking está cada vez mais alta no céu. De promissor aluno licenciado em Cambridge, tornou-se um cientista teórico de renome mundial, uma verdadeira superestrela no firmamento da ciência, uma celebridade global e um ícone de toda uma era. Sob qualquer ponto de vista, é uma façanha extraordinária, independentemente das dificuldades suplementares da sua incapacidade física.

Mas quando é questionado sobre a forma como lidou com esta sua incapacidade, tem sido historicamente rápido a destacar os pontos positivos da sua vida. Tem uma boa qualidade de vida, disse ele, apesar da doença, e fez a maioria das coisas que desejou. É certo que dificilmente conseguimos imaginar como poderia ter alcançado mais, mesmo que tivesse tido uma saúde impecável. A sua única mágoa, admite, é profundamente pessoal — o facto de não ter conseguido brincar com os filhos e netos como gostaria.

UM MANIFESTO EM PROL DOS ESPÍRITOS CAPAZES

Numa entrevista que concedeu em 2011 a Claudia Dreifus para o *New York Times*, Hawking declarou o seu manifesto por todos os que sofrem de uma incapacidade física grave: «O meu conselho às pessoas com incapacidade seria: concentrem-se em fazer coisas que a vossa incapacidade não vos impede de fazer bem e não tenham pena de não fazer as coisas em que a incapacidade interfere. Não criem também uma incapacidade do espírito, além da incapacidade física.» O mundo define Hawking de muitas formas, pelo menos em parte, por referência à sua incapacidade, mas o próprio Hawking rejeita que esta o defina.

Hawking foi forçado a potenciar todos os seus pontos fortes, mas fê-lo com uma eficácia pródiga. A sua atenção ultrafocada nas áreas em que conseguiu notabilizar-se é sugerida num artigo que escreveu em 1984 para a *Science Digest*, com o título «Handicapped People and Science»

[As Pessoas Incapacitadas e a Ciência]. «Receio bem que os Jogos Paraolímpicos não me atraiam, mas posso dizê-lo facilmente porque, de qualquer modo, nunca gostei de atletismo. Por outro lado, a ciência é uma área muito boa para as pessoas incapacitadas porque recorre essencialmente à mente.»

Contudo, em 2012, tornou-se evidente que havia suavizado a sua posição face ao espetáculo do atletismo, quando abriu a cerimónia de abertura dos Jogos Paraolímpicos de Londres com estas palavras inspiradoras: «Os Jogos Paraolímpicos visam transformar a nossa perceção do mundo. Somos todos diferentes, não existe um ser humano padrão ou mediano, mas partilhamos o mesmo espírito. O importante é termos a capacidade de criar. Esta criatividade pode assumir muitas formas, desde as façanhas físicas à física teórica. Por mais difícil que a vida possa parecer, há sempre algo que podemos fazer e em que podemos ser bem-sucedidos.»

Hawking personifica a derradeira história de triunfo face às adversidades. Apesar de o corpo lhe ter falhado de formas muito fundamentais, ele não permitiu que isso travasse o seu extraordinário intelecto. É a prova viva de que o corpo humano é apenas um invólucro, que não consegue agrilhoar os voos da mente ou um espírito indomável. Na sua entrevista para o Desert Island Discs em 1992, resumiu a sua situação da forma eufemística que lhe é caraterística: «Não me vejo como uma pessoa a quem foi privada a vida normal e não acho que as pessoas à minha volta pensem o contrário. Não me sinto incapacitado — apenas alguém com certas avarias nos neurónios motores, à semelhança de uma pessoa daltónica.»

O QUE É A ESCLEROSE LATERAL AMIOTRÓFICA?

«A sua mera sobrevivência já teria sido uma maravilha da medicina, mas é claro que ele não se limitou a sobreviver.»
MARTIN REES, *NEW STATESMAN*, 2015

A esclerose lateral amiotrófica é conhecida nos EUA como doença de Lou Gehrig, em reconhecimento do célebre jogador de basebol dos New York Yankees a quem diagnosticaram esta doença, da qual faleceu antes de completar 38 anos. Por vezes, a ELA é também referida como doença dos neurónios motores, embora se trate de uma expressão mais global para um conjunto de distúrbios neurológicos progressivos, sendo a ELA apenas um deles.

A doença ataca os neurónios motores (células nervosas) existentes no cérebro, no tronco cerebral e na coluna vertebral que controlam os movimentos voluntários dos músculos. À medida que a doença vai progredindo, o doente vai perdendo a capacidade de controlar os músculos, os quais, por sua vez, vão ficando emaciados. A ELA é uma doença incurável, sendo que a morte resulta normalmente da incapacidade de o doente ingerir ou respirar de modo independente. Embora a ELA ataque células cerebrais, a verdade é que não afeta o intelecto. Não existe um padrão claro de fatores de risco associados entre as pessoas que contraem ELA, embora cerca de 5 a 10 por cento dos casos sejam hereditários.

O prognóstico inicial de que Hawking morreria provavelmente no espaço de dois anos após o diagnóstico não foi indevidamente conservador. A esperança de vida média dos doentes é de dois a cinco anos, sendo que cerca de um quinto dos doentes consegue superar o período de cinco anos. Apenas cerca de 5 por cento vive mais de 20 anos, o que nos permite perceber a extraordinária longevidade alcançada por Hawking. Efetivamente, crê-se que, tanto quanto é do conhecimento da ciência médica, será o doente que mais tempo viveu. Como conseguiu viver tanto tempo com ELA é um mistério, embora alguns especialistas acreditem que quem é afetado pela doença muito cedo (a média de idades no diagnóstico é de cerca de 50 anos) consegue de algum modo adaptar-se melhor.

Contra todas
as probabilidades

«Quando fiz 21 anos, as minhas expetativas foram reduzidas
a zero. Desde então, tudo foi um bónus para mim.»

STEPHEN HAWKING, CITADO
NO *NEW YORK TIMES*, 2004

A vida de Hawking foi por diversas vezes representada no ecrã. É uma história que, se não fosse verdade, poderia ser acusada de estar a forçar os limites da credibilidade. Estudante talentoso, embora algo preguiçoso, é-lhe diagnosticada uma doença terminal que encarcera gradualmente a sua mente na prisão que é o seu próprio corpo. Contudo, explorando reservas de determinação que até então estavam por descobrir, estabelece-se como o cientista mais celebrado do planeta. Já para não falar da sua vida privada que, para o melhor e para o pior, não careceu de interesse dramático.

Funciona como um fantástico promotor — uma espécie de versão do *Rocky* para intelectualoides, com menos boxe e mais física teórica. No seu centro encontramos o herói que se eleva à altura dos desafios mais intimidantes com que a vida o pode confrontar. Sim, a fama de Hawking baseia-se no seu intelecto brilhante, mas é difícil imaginar que pudesse ter explorado e tirado partido desse mesmo intelecto da forma como fez, considerando os problemas que enfrentou, se não fosse a sua notável fortaleza de espírito e a sua coragem.

Fez-se já referência, e com alguma razão, que por vezes a sua determinação se pode manifestar de formas não totalmente agradáveis. Como já dissemos, ele pode ser impaciente, mesmo a ponto de agressão, e arrogante perante os colegas que considera intelectualmente inferiores. É sem dúvida imbuído de uma grande ambição pessoal, raramente se dignando a subestimar-se a si mesmo e sempre ansioso por atrair as compensações económicas e reconhecimentos públicos que, na sua opinião, o seu trabalho justifica. Contudo, quão alto teria esta estrela ascendido, poderíamos pensar, se não tivesse em si este coração de aço, se pensarmos nas condições que a vida lhe deu quando estava mesmo a começar a carreira? Não muito alto, poderíamos então concluir.

Hawking não tem qualquer problema em admitir que, quando lhe foi diagnosticada ELA, com 21 anos de idade, sentiu pena de si próprio. Qualquer outra resposta pareceria muito pouco natural. Sentiu que era totalmente injusto e sentiu-se enganado por tal coisa lhe ter acontecido a ele. Mas passado este abismo inicial no seu estado de espírito, Hawking dedicou-se ao trabalho e à vida com uma energia renovada. Face a cada um dos progressivos contratempos médicos, encontrava uma forma de o contornar, criando o espaço de que o seu intelecto necessitava para operar a sua magia.

Sendo uma pessoa que sofreu sintomas que, para muitos, seriam insuportáveis, tem sido regularmente convidado para participar no debate sobre a morte assistida. Em termos latos, ele defende que qualquer pessoa tem o direito de terminar a sua vida se assim o desejar. No entanto, conforme relatava o *People's Daily Online* em 2006, a sua posição apresenta algumas nuances. Apesar de apoiar a ideia de eutanásia voluntária, pensa também que assumir essa opção é «um grande erro». «Por mais difícil que a vida possa parecer», conforme foi uma vez citado, «há sempre algo que podemos fazer e em que podemos ser bem-sucedidos. Enquanto houver vida, há esperança.»

Ele terá possivelmente maior autoridade moral do que praticamente todos os outros para proferir uma tal afirmação. E à medida que os sintomas da ELA se iam tornando mais agudos com o passar dos anos, ele continuava a deixar perplexos todos os que ousassem desvalorizarem-no. Numa viagem aos EUA em meados da década de 1960, a fala começou rapidamente a deteriorar-se, a ponto de apenas quem o conhecia bem conseguir decifrar o que balbuciava. Para comunicar, recorreu ao apoio de tradutores. Quando a década chegou ao fim, estava confinado a uma cadeira de rodas, com Jane a ter de o ajudar nas funções do dia a dia. Quando a sua situação se agravou na década de 1970, o casal contratou uma empregada interna, para que ele pudesse continuar a trabalhar e a funcionar na vida pública.

Chegada a década de 1980, quase morreu durante uma visita ao CERN, na Suíça. Com o marido com a traqueia bloqueada e ainda uma pneumonia, Jane concordou que, para lhe salvarem a vida, lhe fizessem uma traqueostomia (na qual se implanta um dispositivo respiratório num orifício cortado no pescoço), que lhe roubou o que lhe restava da sua voz natural. Recusando ceder à pressão ou reformar-se da vida que tinha construído para si mesmo, cooperou no desenvolvimento de uma nova tecnologia revolucionária. Um software de voz e controlos remotos por infravermelhos deram-lhe a capacidade de, por exemplo, controlar equipamento elétrico, abrir e fechar portas e vocalizar os seus pensamentos, bastando-lhe para isso contrair a maçã do rosto. Enquanto outros poderiam ter concluído que tudo tinha terminado, Hawking tirou partido da sua doença para inspirar progressos científicos. (Embora se tenha recusado a «fazer um upgrade» da sua voz simulada, reconhecendo que o sotaque americanizado que lhe havia sido inicialmente atribuído se havia tornado uma espécie de imagem de marca.) Teve ainda outros encontros próximos com a morte, incluindo uma deterioração acentuada da sua saúde em 2009, mas uma e outra vez surpreendeu os médicos regressando da beira do precipício.

No presente, é provavelmente a pessoa incapacitada mais reconhecida no mundo inteiro, um símbolo persistente da esperança de que a capacidade pode triunfar sobre a incapacidade. E ele sabe que a determinação foi um dos ingredientes--chave de tudo o que alcançou. Entrevistado na BBC Radio 4 em 1992, observou que «qualquer pessoa com sentido prático é por vezes apelidada de teimosa. Eu prefiro dizer que sou determinado. Se não tivesse em mim uma razoável dose de determinação, não estaria aqui agora.»

MANTER O SENTIDO DE HUMOR

> «A vida seria trágica se não tivesse tanta piada.»
> STEPHEN HAWKING, CITADO NO *NEW YORK TIMES*, 2004

Mesmo com a toda a boa vontade do mundo, a física não tem estado historicamente muitas vezes associada ao humor e à graça de espírito. Contudo, amiúde, as pessoas que conhecem Hawking — que com frequência esperam vir a deparar com uma presença algo etérea — surpreendem--se com o seu abundante sentido de humor, que vai desde a modéstia ao sarcasmo fulminante. Numa entrevista para a revista *Vanity Fair* em 2014, Eddie Redmayne (famoso por ter recebido o Óscar pela sua representação de Hawking em *A Teoria de Tudo*, mas que, disse Hawking em provocação, não é tão bonito como ele) comentava:

«O aspeto que mais me marcou quando conheci [Hawking] foi o seu espírito extraordinário e acutilante e o seu incrível sentido de humor. Carateriza-o uma certa malandrice, como que de um Mestre da Travessura, que tentei levar comigo do tempo que passei com ele, que tentei introduzir na minha representação.»

Contrariando a imagem do intelectual sério e superior, Hawking há muito se apercebeu da importância de ver o lado divertido da vida. Efetivamente, este é para ele um fator vital que contribuiu para a sua inesperada longevidade, como quando disse numa emissão especial da televisão PBS em 2014: «Manter a mente ativa foi vital para a minha sobrevivência, bem como manter o sentido de humor.» Como é evidente, Hawking enfrenta desafios práticos muito particulares quando tenta dizer uma piada — nomeadamente, não está ao seu alcance lançar uma piada curta de improviso no meio de uma conversa, já que o processo de construir uma frase para transmitir no sintetizador de voz demora pelo menos alguns minutos. Contudo, quando consegue efetivamente soltar o seu travesso sentido de humor, é ainda mais desarmante.

Por exemplo, uma das suas antigas enfermeiras recorda a reviravolta inesperada na entrevista a que foi submetida quando se candidatou a trabalhar para ele. Acabada de se licenciar da escola de enfermagem, a jovem estava a tentar o seu primeiro emprego e, como era de esperar, sentia uma profunda reverência perante o homem de quem, assim esperava, iria cuidar. Ficou acordada até de madrugada a preparar-se para o encontro e saiu rumo à entrevista sentindo que estava tão preparada quanto lhe seria possível, esperando um interrogatório rigoroso. Em vez disso, ele fez-lhe uma única pergunta: «Sabe fazer um ovo escalfado?» Quando lhe respondeu afirmativamente, ele deu-lhe de imediato o emprego. Esta conversa absurda fez com que baixasse a guarda e quebrou o gelo entre eles.

Também não tem receio de fazer piadas sobre si mesmo. Em várias ocasiões, contou a desconhecidos que o reconhecem quando anda por aí que ele não é o verdadeiro Stephen Hawking, que, acrescenta, é muito mais bonito. Outras vezes, contudo, utiliza o seu espírito para passar à ofensiva. Por exemplo, na sua palestra «Estará Tudo Determinado?» (proferida no seminário do Sigma Club em Cambridge, em 1990), argumenta contra aqueles que afirmam que toda a existência está predeterminada com uma observação divertida e incisiva: «Reparei que até as pessoas que defendem que tudo está predeterminado e que não podemos fazer nada para mudar ainda olham para a estrada antes de atravessar.»

E depois há aquela sua faceta que gosta simplesmente de brincar. Vimo-lo, por exemplo, a emprestar os seus talentos para a comédia em séries como A Teoria do Big Bang, Futurama e Os Simpsons. E depois, acompanhado numa visita pelos cenários de O Caminho das Estrelas em 1993, quando viu o lendário warp drive da USS Enterprise (um hipotético sistema de propulsão mais rápido do que a luz), gracejou

«Estou a trabalhar nisso».

O humor tornou-se igualmente numa ferramenta profissional que lhe permite quebrar barreiras quando fala em público. Em 2015, por exemplo, estava a fazer uma apresentação na Ópera de Sydney, pouco depois de a maior *boysband* do mundo ter anunciado que ia fazer uma pausa na sua carreira. Uma pessoa no público fez a seguinte pergunta: «Na sua opinião, qual será o efeito cosmológico de Zayn [Malik] deixar os One Direction e, assim, partir os corações de milhões de raparigas adolescentes do mundo inteiro?» Hawking manteve uma expressão impassível, «Até que enfim uma pergunta sobre alguma coisa importante.» E depois deu a sua resposta ponderada:

> «O meu conselho a qualquer rapariga de coração despedaçado é dedicar muita atenção ao estudo da física teórica. É que, um dia, poderão muito bem existir provas da existência de vários Universos. E aí não seria absolutamente impossível pensar que algures fora do nosso Universo possa existir outro Universo diferente, no qual Zayn ainda esteja nos One Direction.»

O facto de o espírito de Hawking ainda ser uma surpresa diz muito sobre os preconceitos da sociedade. O «génio», a incapacidade e a frivolidade são muitas vezes encarados como companheiros improváveis. Mas como dizia a sua filha Lucy na revista *Grazia* em 2015:

> «Às vezes esquecemo-nos de que as pessoas com uma incapacidade têm uma personalidade. Gosto quando o sentido de humor do meu pai se revela. Quando

pensamos naquilo por que passa para sobreviver dia-
riamente, o seu sentido de humor é o que provavelmente o ajuda a manter-se vivo.»

Ouvir como Hawking

«A música é muito importante para mim.»

STEPHEN HAWKING, NO PROGRAMA DE RÁDIO
DESERT ISLAND DISCS, 1992

P erante as limitações físicas com que tem vivido, Hawking conseguiu encontrar grande consolo na música. Na entrevista de onde retirámos a citação da página anterior, descreveu a física e a música como os seus «dois principais prazeres». Para começar, pode explorar o seu fascínio por ambas apenas com a sua mente, pelo que as suas incapacidades físicas se tornam irrelevantes. Mas enquanto a física lhe põe a cabeça a mil à hora, a música funciona como um escape — e pode ser apreciada num contexto com muito menos pressão. Gosta especialmente de ópera e música clássica, embora por vezes também aprecie ouvir alguma música *pop* mais em voga. Numa entrevista em «Ask Me Anything» do *Reddit*, em 2015, referiu que a sua canção favorita de todos os tempos era *Have I Told You Lately* de Rod Stewart — um prazer secreto que certamente partilha com muitos outros. Além disso, na sua juventude, acompanhava avidamente a classificação do top 20 da rádio Luxembourg nos finais de domingo, sendo particularmente fã dos Beatles, que «chegaram como uma bem-vinda lufada de ar fresco num cenário pop algo estagnado e enfermo».

Contudo, regra geral, encontrá-lo-emos mais provavelmente a ouvir algo mais erudito. Pelo seu quinquagésimo aniversário, por exemplo, recebeu as obras completas de Mozart em CD — o que corresponde a mais de duzentas horas de audição. Aquando da sua ida ao Desert Island Discs — um programa que pede aos convidados que criem uma lista das oito músicas que levariam consigo se ficassem presos numa ilha deserta —, Hawking ocupou uma das suas escolhas com o inquietantemente belo *Requiem* de Mozart, que ficou por terminar aquando da morte do compositor. Incluiu igualmente o *Quarteto para Cordas N.º 15 em Lá Menor*, Op. 132, de Beethoven (1770–1827). À semelhança da estrela de Hawking, que brilhou apesar do início da incapacidade na idade adulta, também Beethoven criou algumas das suas obras mais bem-conseguidas apesar de sofrer de surdez, uma doença que se esperaria ter marcado o fim de toda a sua atividade. As outras obras clássicas da lista de Hawking eram o *Concerto para Violino em Ré Maior* de Johannes Brahms (1833–1897) e *Gloria* de Francis Poulenc (1899–1963).

No que respeita aos compositores de ópera, Hawking é um fã inveterado de, entre outros, Christoph Gluck (1714–1787) — cuja obra mais celebrada é *Orfeu e Eurídice*; Giuseppe Verdi (1813–1901) — cujas óperas incluem marcos do género como *Aida*, *Rigoletto*, *O Trovador* e *La Traviata*; e Giacomo Puccini (1858–1924). Efetivamente, este último foi levado para a lista da ilha deserta com «O Principe, che a lunghe carovane» da sua última ópera, *Turandot*.

Contudo, entre todos os grandes compositores de ópera, aquele a que se sente mais profundamente ligado é talvez Richard Wagner (1813–1883), cujas obras imersivas e ricas em texturas — como já mencionámos anteriormente — se tornaram na companhia de Hawking nas semanas e meses que se seguiram ao diagnóstico da ELA. Segundo Hawking, Wagner foi «alguém que encaixava no estado de espírito negro e apocalítico em que me encontrava».

HAWKING E WAGNER

Coincidentemente, Wagner viria a desempenhar um papel noutro período de incerteza médica na vida do físico. Em 1985, Hawking estava a preparar-se para viajar para ir assistir à obra magna do compositor, o ciclo do *Anel do Nibelungo*, no lar espiritual de Wagner na Alemanha — Bayreuth — quando foi acometido por uma doença que quase o matou e o obrigou a uma traqueostomia. Mas esses acontecimentos não diminuíram o respeito que nutre por Wagner, cuja *Valquíria* (*A Valquíria*, estreia em 1870) — a segunda das óperas do *Ciclo do Anel* — também se incluía nos discos que levaria para a ilha deserta.

No que concerne aos artistas operáticos, sabe-se que Hawking é admirador de Angela Gheorghiu, a soprano romena que fez a sua estreia profissional em 1990 e continuou a deleitar os públicos, desde a Metropolitan Opera em Nova Iorque até à Royal Opera House de Londres e ao La Scala de Milão. Vale também a pena referir que Hawking incluiu a cantora francesa Édith Piaf (1915–1963) e a sua canção mais famosa, *Non, je ne regrette rien* [Não, não me arrependo de nada], de 1959, entre as faixas que levaria para a ilha deserta. Sem dúvida que o desafio expresso na letra, interpretada de forma tão evocativa pelo «Pequeno Pardal» tocado pela tragédia, tocou um nervo sensível no físico que havia enfrentado mais do que a sua quota-parte de atribulações.

Duas cabeças pensam melhor do que uma

«A fala permitiu a comunicação de ideias, levando os seres humanos a colaborarem para criar o impossível.»

STEPHEN HAWKING, ANÚNCIO PUBLICITÁRIO
DA BRITISH TELECOM, 1993

E mbora Hawking seja como que um farol que brilha por si só, trabalhou geralmente num ambiente colegial e estabeleceu relações próximas com colegas da academia. Grande parte do seu importante trabalho, como veremos claramente, nasceu de colaborações formais. É uma tradição que começou logo desde tenra idade, liderando o seu grupo de amigos da escola nas suas aventuras científicas e filosóficas. Este grupo heterogéneo lançava ideias para o ar que, embora refletindo muitas vezes interesses juvenis, influenciaram ainda assim Hawking a centrar-se nas áreas que verdadeiramente alimentavam a sua imaginação. Era além do mais um genuíno encontro de mentes em que se forjaram elos de amizade fortes. Efetivamente, Hawking conseguiu manter o contacto com a maioria dos elementos daquele grupo essencial de seis ou sete companheiros ao longo de toda a sua vida adulta.

Embora tenha sido acusado de ser uma pessoa distante por algumas pessoas que o conheceram em adulto (uma impressão que, certamente, é por vezes exagerada pelos seus problemas de comunicação), na verdade, Hawking demonstrou que gosta de travar amizades. Por exemplo, pessoas como Kip Thorne (ver página 107) têm indubitavelmente tanto de almas gémeas quanto de parceiros intelectuais ao mesmo nível. Se a caraterização popularizada de Hawking como «uma mente presa no seu próprio corpo» conjura imagens de um espírito solitário e isolado, a realidade da sua vida corrobora a afirmação de John Donne de que «nenhum homem é uma ilha».

Quando estava a iniciar os seus estudos em Cambridge, não tinha qualquer ilusão de que a imensidão de perguntas e enigmas que estava a tatear pudesse ser resolvida por uma só pessoa — por melhor que pudesse ser o seu cérebro. Como se torna evidente pela lista de colaboradores que apresentamos em seguida, Hawking tinha todo o prazer em defender acerrimamente quem o ajudasse a avançar na sua investigação. Não quer isto dizer, no entanto, que esteja interessado em bajuladores ou apenas em pessoas que veem o Universo como ele. Tomemos como exemplo a sua amizade com Martin Rees (atualmente barão Rees de Ludlow), contemporâneo próximo que também estudou sob a orientação de Dennis Sciama e que ocupou diversos cargos, entre os quais reitor do Trinity College, Cambridge, presidente da Royal Society e astrónomo real.

Os dois travaram ocasionalmente as suas contendas, como em 2011, quando Rees repreendeu Hawking publicamente por observações que este último tinha emitido sobre a existência de Deus. Rees disse «Stephen Hawking é uma pessoa notável que conheço há mais de quarenta anos... Conheço[-o] suficientemente bem para saber que leu muito pouco de filosofia, e de teologia ainda menos, por isso não me parece que devamos dar qualquer valor aos seus pontos de vista sobre este tema.» Foi um valente raspanete para um homem que muito poucas pessoas se sentem confiantes em desafiar — especialmente em público. Contudo, a amizade sobreviveu e, em 2015, Rees redigiu até um enaltecimento à vida de Hawking no jornal *New Statesman*, sob o título «A Vida de Stephen Hawking é um Triunfo do Intelecto sobre a Adversidade».

Uma vez mais, os ecos de Einstein ressoam na vida do próprio Hawking. Embora o mundo adore contar histórias de génios solitários, a verdade é que, geralmente, um grande intelecto floresce na companhia de outros. Einstein, por exemplo, passou uma enorme parte da sua vida a trocar as suas ideias com o grande amigo Michele Besso e explorou as capacidades matemáticas de outro comparsa de longa data, Marcel Grossmann, quando estava a formular a sua teoria geral. Em 1902, chegou mesmo a criar um salão informal, a *Akademie Olympia*, quando residia na Suíça. Hawking, por seu lado, só em raras ocasiões se esquivou a uma boa conversa cosmológica, tanto em público como em privado.

Outras vantagens práticas se revelaram para Hawking ao manter-se a par dos seus contemporâneos. Não menos importante, ao manter abertos os canais de comunicação, conseguiu reunir informações muito úteis por entre o meio académico altamente competitivo. Por exemplo, foi a amizade que promoveu com Jayant Narlikar que lhe permitiu contestar tão publicamente os argumentos de Fred Hoyle na Academia Real, um ato que, em certa medida, lançou Hawking para o domínio do conhecimento de um público mais vasto.

Até hoje, o gabinete de Hawking no Departamento de Matemática Aplicada e Física Teórica em Cambridge tem a fama de ser um espaço de extrema socialização, onde se promove positivamente a partilha de ideias. As convenções exigem que os docentes universitários façam uma pausa para o café da manhã e o chá da tarde, proporcionando arenas muito convenientes para a disseminação de todas as mais recentes ideias e para dar dois dedos de conversa. Quando a comunicação se expande, todos beneficiam, de Hawking para baixo. Como ele próprio explicou numa entrevista radiofónica em 1992:

«Se calhar sou naturalmente um pouco introvertido... Mas era muito falador quando era miúdo. Preciso de discutir os assuntos com outras pessoas para me sentir estimulado. Ajuda-me muito, no meu trabalho, descrever as minhas ideias a outras pessoas. Mesmo que não tenham qualquer sugestão, o simples facto de ser obrigado a organizar os meus pensamentos para conseguir explicá-los a outros mostra-me muitas vezes um novo caminho para avançar.»

A importância do diálogo é uma temática que revisita vezes sem conta ao longo dos anos. Tomemos as palavras que proferiu noutro anúncio publicitário para a empresa de telecomunicações BT em 1993 (e deleitemo-nos com a sua capacidade de veicular palavras genuinamente profundas num contexto tão absurdo):

«Os maiores feitos da Humanidade nasceram da conversa, e os seus maiores fracassos advêm da falta de diálogo. Não tem de ser assim. As nossas maiores esperanças podem tornar-se realidade no futuro. Com a tecnologia à nossa disposição, não há limites para as possibilidades. Tudo o que precisamos de fazer é garantir que continuamos a falar.»

ALIAR FORÇAS

«Ele sempre teve uma capacidade espantosa
de planear, mas geralmente trabalhava com colegas,
os quais escreviam uma fórmula num quadro;
ele ficava a olhar fixamente para ela e depois dizia
o que deveria vir a seguir.»
MARTIN REES, *NEW STATESMAN*, 2015

Seguidamente, por ordem alfabética, apresentamos uma seleção de alguns dos colaboradores mais influentes ao longo da carreira de Hawking.

Brandon Carter (nasceu em 1942 na Austrália). Era colega de Hawking sob a orientação de Dennis Sciama em Cambridge. Com Hawking, Carter ajudou a provar o denominado «teorema da calvície» sobre buracos negros, que afirma que os buracos negros se definem por três caraterísticas: massa, carga e rotação. Juntamente com Hawking e James Bardeen, também ajudou a formular as quatro leis da mecânica dos buracos negros.

Don Page (nasceu em 1948 nos EUA). Estava a estudar para o seu doutoramento no Caltech quando Hawking lá esteve na década de 1970. Hawking e Kip Thorne orientaram a sua tese sobre a «acreção para o interior e emissão de buracos negros»

(*Accretion into and Emission from Black Holes*). Mudou-se mais tarde para a Universidade de Cambridge, onde trabalhou como assistente de investigação de Hawking. Nas décadas seguintes, trabalharam juntos em diversos artigos académicos sobre temas em que se incluíam entropia, buracos de verme, inflação, termodinâmica dos buracos negros e gravidade quântica.

Gary Gibbons (nasceu em 1946 no Reino Unido). Originalmente em Cambridge como mais um estudante de investigação de Dennis Sciama no final da década de 1960, ficou sob a orientação de Hawking em 1969. Depois de concluir o doutoramento sobre o tema da relatividade geral clássica, dedicou a sua atenção à gravidade quântica e aos buracos negros. Com Hawking, desenvolveu o sistema de gravidade quântica euclidiana que permitiu imaginar novamente o tempo como uma quarta dimensão espacial. Por sua vez, este trabalho abriu caminho a rápidos desenvolvimentos na compreensão da termodinâmica dos buracos negros. Em anos mais recentes, levou a cabo uma investigação pioneira a nível mundial sobre a teoria das cordas e a teoria M.

George Ellis (nasceu em 1939 na África do Sul). À semelhança de Hawking, o doutoramento de Ellis foi orientado por Dennis Sciama. Hawking e Ellis trabalharam posteriormente em parceria no final da década de 1960 e início da década de 1970 sobre singularidades e questões fundamentais do espaço-tempo. A sua colaboração mais reconhecida, *The Large Scale Structure of Space-Time,* foi publicada em 1973. Esta obra continua a ser editada e foi descrita pelo próprio Hawking como sendo «na prática, a última palavra sobre a estrutura causal do espaço-tempo», embora seja extremamente técnica, pelo que «recomendaria ao leitor em geral que não tentasse consultá-la».

James Bardeen (nasceu em 1939 nos EUA). Tendo feito o doutoramento sob a orientação de Richard Feynman no Instituto de Tecnologia da Califórnia (Caltech), em 1973, Bardeen — a par de Hawking e Brandon Carter — estabeleceu quatro leis sobre a mecânica dos buracos negros e elucidou as suas semelhanças com as leis da termodinâmica há muito estabelecidas. A mais importante destas leis dos buracos negros estipula que a atração gravitacional é igual em todos os pontos do horizonte de acontecimentos.

James Hartle (nasceu em 1939 nos EUA). Durante muito tempo associado à Universidade da Califórnia, em Santa Barbara, o trabalho mais famoso de Hartle foi realizado na Universidade de Chicago em 1983. Foi aqui que a dupla trabalhou na «solução do Universo sem fronteiras», que ajudou a redefinir perceções cosmológicas das condições iniciais do Big Bang.

John Stewart, estudante de doutoramento de George Ellis, foi colega de Hawking no Departamento de Matemática Aplicada e Física Teórica. Juntos, produziram em 1993 um artigo muito celebrado que apresentava a ideia de «singularidades *thunderbolt*». Os dois propuseram-se investigar a natureza das chamadas singularidades nuas — por outras palavras, singularidades que existem sem um horizonte de acontecimentos. A questão de saber se podem existir singularidades nuas, na realidade, permanece controversa para muitos cientistas. Ainda assim, Stewart e Hawking chegaram à alarmante conclusão de que, em teoria, algumas singularidades nuas (apelidadas de «singularidades *thunderbolt*») poderiam estar a expandir-se rapidamente à velocidade da luz desde o momento do seu nascimento, destruindo tudo no seu caminho.

Kip Thorne (nasceu em 1940 nos EUA). Um dos principais astrofísicos do mundo, Thorne trabalhou pela primeira vez ao lado de Hawking no Caltech em meados da década de 1970. Efetivamente, a oportunidade de tal acontecer foi um dos principais atrativos da transferência de Hawking para o Caltech. Em 1975, os dois realizaram uma das mais famosas apostas da ciência moderna. Mais ou menos uma década antes, foi descoberto um fenómeno astronómico conhecido como Cygnus X-1, na galáxia Cygnus, que emitia raios X que sugeriam que poderia ser um buraco negro. Thorne defendia que era, ao passo que Hawking apostava que não. Da parte de Hawking, não passou de um jogo, já que tinha a sincera esperança de que fosse, mas pensou que, se se constatasse que não era, pelo menos podia ter o prazer de ganhar ao amigo. Hawking declarou-se derrotado na aposta em 1990 (para satisfação de ambos), oferecendo a Thorne, como prémio, uma assinatura da revista *Penthouse* (segundo consta, para desagrado da Sra. Thorne). A sua amizade continua próspera, sendo Thorne curador da Fundação Stephen Hawking.

Leonard Mlodinow (nasceu em 1954 nos EUA). Além de ser um físico respeitado por mérito próprio, Mlodinow é também autor e guionista, tendo colaborado com Hawking em dois livros: *Brevíssima História do Tempo* (2005) e *O Grande Desígnio* (2010).

Malcolm Perry (nasceu em 1951 no Reino Unido). À seme-lhança de Hawking, Perry concluiu a licenciatura em Oxford, tendo-se depois mudado para Cambridge. Estava então sob a alçada de Hawking entre meados e finais da década de 1970, concluindo o doutoramento com o seu trabalho sobre bura-cos negros e teoria quântica. Colaborou posteriormente com Hawking e Gary Gibbons, contribuindo para o desenvolvimento da gravidade quântica euclidiana e investigando a radiação dos buracos negros. Passou então vários anos na Universidade de Princeton, nos EUA, mas regressou a Cambridge em 1986, onde permaneceu desde então, tornando-se uma autoridade mundial sobre a teoria das cordas e a teoria M. Ele e Hawking continuam a trabalhar juntos no plano académico, e Perry é também curador da Fundação Stephen Hawking. (A funda-ção foi criada em 2015 com o triplo objetivo de promover a investigação nas áreas da cosmologia, da astrofísica e da física de partículas fundamentais ao nível escolar e universitário; incentivar as pessoas que trabalham com ELA; e investigar e contribuir para a prestação de melhores cuidados às pessoas com ELA.)

Neil Turok (nasceu em 1958 na África do Sul). Diretor do Perimeter Institute for Theoretical Physics, com sede em Ontário, Canadá, o seu trabalho com Hawking na década de 1990 resultou na teoria dos instantões de Hawking-Turok e num modelo que contempla a inflação dentro de uma estru-tura aberta do Universo. Como Thorne, Turok também fez uma aposta famosa com Hawking. Em 2002, Hawking apostou com ele que os cosmólogos descobririam ondas gravitacionais, comprovando que a teoria da inflação estava correta. A aposta parecia estar ganha por Hawking quando, em setembro de

2015, o Observatório de Inferometria Laser de Ondas Gravitacionais (LIGO) registou essas ondas pela primeira vez.

Roger Penrose (nasceu em 1931 no Reino Unido). Tendo concluído o seu doutoramento pela Universidade de Cambridge em 1957, Penrose proferiu sete anos depois a palestra que, em certos aspetos, assinalou uma viragem no destino académico do jovem Hawking. Os dois homens trabalharam posteriormente juntos sobre as singularidades dos buracos negros e, na década de 1970, divulgaram uma série de teorias de referência que procuravam explicar a relação entre singularidades e colapso gravitacional na teoria geral de Einstein. Os dois partilharam inúmeros prémios internacionais pelo seu trabalho, além de terem sido coautores de *A Natureza do Espaço e do Tempo* (1996) e *The Large, the Small and the Human Mind* (com Abner Shimony e Nancy Cartwright, 1997). Contudo, Penrose também criticou parte do trabalho de Hawking, em especial a sua defesa da teoria M, que descreveu como «dificilmente científica» e um «conjunto de esperanças, ideias e aspirações».

Thomas Hertog (nasceu em 1975 na Bélgica). Hertog concluiu a licenciatura em Física na Universidade de Leuven, no seu país natal, e depois fez o mestrado em Cambridge. Aqui conheceu Hawking, e os dois investigaram juntos a inflação cósmica. Hertog saiu depois para a Universidade da Califórnia, em Santa Barbara, e, mais tarde, para o CERN. Foi quando lá estava em 2006 que, juntamente com Hawking, publicou o seu modelo influente da «cosmologia descendente». Continuam a colaborar, pelo menos na tentativa de encontrar novas aplicações práticas para o modelo do Universo sem fronteiras de Hawking e Hartle.

Werner Israel (nasceu em 1931 na Alemanha). Um dos principais teóricos da sua geração nos domínios da física gravitacional e dos buracos negros. Foi coeditor de dois volumes com
Hawking — *General Relativity: An Einstein Centenary Survey*
(1979) e *300 Years of Gravitation* (1987).

Mesmo um intelecto brilhante precisa de apoio emocional

«Não podia continuar a viver se apenas tivesse a física.
Como toda a gente, preciso de calor, amor e afeto.»

STEPHEN HAWKING, *BURACOS NEGROS
E UNIVERSOS BEBÉS E OUTROS ENSAIOS*, 1993

É fácil imaginar Hawking como uma figura quase «do outro mundo», sentado na sua cadeira dia e noite, a processar equações gigantescamente longas e a mapear recantos do Universo que a maioria de nós não consegue sequer começar a compreender. Mas a imagem de Hawking, o cientista, não deverá obscurecer aquela de Hawking, o ser humano. Muito mais do que apenas o mais extraordinário sábio da sua era, ele é uma figura notavelmente bem torneada, mantendo uma ampla gama de paixões e interesses, além de lidar com toda a gama de altos e baixos emocionais que todos compreenderemos.

Hawking é uma grande figura pública devido aos seus contributos para a física, mas os seus feitos nesta disciplina representam, não nos podemos esquecer, apenas uma parte do homem.

Já abordámos o lugar importante que a música ocupa no seu coração e, como veremos em seguida, ele interessa-se acerrimamente por tudo, desde a literatura à política e à televisão. Também apreciou algum desporto, tendo sido um entusiasta timoneiro e ciclista antes de a incapacidade lhe ter retirado esses prazeres, e também falou do seu amor pela comida e pela bebida (o xerez era uma das bebidas preferidas na juventude, ao passo que o caril, as trufas de chocolate e, acima de tudo, o *crème brûlée* são estímulos garantidos para as suas papilas gustativas). A grande amplitude de interesses sugere que estamos em presença de uma personagem emocionalmente reativa ao mundo à sua volta e que deseja alcançar prazeres que vão além daqueles que consegue obter com o seu trabalho.

Embora uma bela obra musical e uma caixa de chocolates possam por vezes ser exatamente aquilo de que uma alma exaurida necessita, nada se compara, na verdade, ao apoio emocional que podemos obter nas relações interpessoais. Embora Hawking se tenha «casado» com o seu trabalho, também manteve uma vida pessoal rica e, por vezes, tempestuosa. Entre as suas muitas ideias cosmológicas, poderemos pressupor que concluiu há muito que o amor faz o mundo girar.

Efetivamente, os dois casamentos de Hawking assumiram uma importância muito mais duradoura do que qualquer prazer sensual temporário. A transição do primeiro (com Jane Wilde) para o segundo (com Elaine Mason) e, posteriormente, o colapso também desse segundo casamento, puseram a sua vida privada sob um grau de exposição para o qual ele não estava preparado e que não o deixava particularmente satisfeito. Estas relações são analisadas em maior pormenor nas páginas 115 a 120; escusado será dizer que, atualmente, refere-as a ambas (e à família que resultou do primeiro casamento) como façanhas da sua vida que se equiparam ao seu trabalho em cosmologia.

NÃO RESISTE A UMA CARA BONITA

Em inúmeras entrevistas, Hawking não teve qualquer problema em reconhecer o seu amor pelas mulheres, embora assumindo que continuam a ser para ele um perfeito enigma. Sem mais rodeios, nunca resistiu a uma cara bonita, desde que Marilyn Monroe deambulava pela sua consciência na adolescência (contrataram até uma sósia de Marilyn para cortar o bolo do seu sexagésimo aniversário). Nos últimos anos, diz-se que tem beneficiado das atenções de amáveis anfitriãs em determinados locais noturnos de Londres, sendo que o infame proprietário de um clube noturno, Peter Stringfellow, comentou em 2011: «É um homem que vive dentro do cérebro e ainda assim consegue sentir a extraordinária força do sexo.»

Atualmente, Hawking vive sozinho, tendo o apoio de uma governanta para lhe tratar dos seus assuntos domésticos. Mas criou pontes com a família do seu primeiro casamento e, entrando numa idade mais avançada, leva uma vida privada muito mais calma e estável. Esta parte da sua vida nem sempre foi feliz e o seu comportamento por vezes magoou aqueles que lhe eram mais próximos. Apesar de ter alcançado tanto, os seus entes queridos foram obrigados a extraordinários sacrifícios por ele. Ainda assim, há algo de admirável na forma como Hawking — cujas restrições físicas o oprimiram tanto e cujo nome está tão estreitamente associado à razão e à racionalidade — deixou que a paixão (com todas as suas conotações positivas e negativas) se entretecesse no tecido da sua vida.

Quando perguntam a Hawking (o que acontece frequentemente nas entrevistas) se há algum mistério que ainda o deixe perplexo, a sua resposta imediata é «as mulheres». Elas são, confidenciou à *New Scientist* em 2012, o tópico em que passa mais tempo a pensar. Embora a memória de Hawking venha a perdurar como um gigante da ciência, é reconfortante saber que um intelecto tão sofisticado como o dele precisa do mesmo tipo de alimento emocional que todos nós. O facto de ter tanta apetência para dar passos em falso nas suas relações como qualquer outra pessoa sugere-nos uma fragilidade humana que, muitas vezes, passa despercebida.

UMA BREVE HISTÓRIA DE CASAMENTO E DIVÓRCIO

«Sem a ajuda que a Jane me deu, não me teria sido possível continuar, nem teria tido a vontade de o fazer.»
STEPHEN HAWKING, CITADO EM *STEPHEN HAWKING: HIS LIFE AND WORK*, KITTY FERGUSON, 2011

Hawking não receia fazer afirmações ousadas, por isso talvez não devamos recear fazer o mesmo. Uma com que, sem dúvida, concordaria é a de que, sem os esforços de Jane, a sua primeira mulher, Hawking não teria podido construir a carreira de que beneficia hoje.

O casal conheceu-se numa festa de passagem de ano para celebrar a chegada do ano de 1963. O diagnóstico de ELA ainda não havia sido descoberto, mas os primeiros sintomas já se faziam notar. Ela era mais jovem do que ele, ainda estava a fazer os exames de nível avançado no final do secundário, os *A levels*, e a planear estudar Línguas Modernas em Westfield College, na Universidade de Londres. Inteligente e confiante, sentiu-se atraída não só pela evidente inteligência de Hawking, mas também pela sensação de haver nele «algo perdido».

A relação entre ambos rapidamente floresceu, e Hawking descobriu que fazer parte de uma equipa e ter alguém em quem confiar estimulava o seu trabalho. Contudo, o seu foco profissional acabado de descobrir tinha o seu preço a pagar. Dar passos significativos numa disciplina — cosmologia dos buracos negros —, na altura a dar os primeiros passos de bebé, exigia uma dedicação total. Embora os seus motivos para tirar o melhor partido possível de si mesmo fossem em parte altruístas, a realidade dos seus esforços diários exigia um certo grau de egocentrismo. Além do mais, estava a descobrir que realmente *gostava* de se atirar ao trabalho.

Nesses primeiros tempos, Jane não se importava de alinhar com a situação. Quando concluiu a escola, iniciou a licenciatura em Londres e acarinhava os momentos que conseguia passar com Hawking aos fins de semana e nas férias. Adicionalmente, o diagnóstico de Hawking tinha deixado em ambos a impressão de que a sua vida conjunta seria provavelmente curta. Cada momento assumia um valor imenso, e ela estava empenhada em aproveitá-los a todos.

Revelaram-se, no entanto, alguns sinais iniciais de que mais tarde poderiam surgir problemas. Por exemplo, em 1965, decidiu candidatar-se ao Gonville & Caius College de

Cambridge. Ele e Jane tinham ficado noivos, e esta posição dar-lhes-ia uma sensação de segurança. Todavia, na altura ele já sentia dificuldade em escrever, por isso pediu a Jane que preenchesse a candidatura. Na semana anterior à data combinada para o ir visitar e cumprir a tarefa, Jane partiu o braço. Como ele próprio admite, Hawking sentiu uma clara ausência de solidariedade para com Jane, optando por remoer as repercussões que o afetariam a ele. Efetivamente, Jane conseguiu preencher à mão a candidatura para depois outro amigo a datilografar e, escusado será dizer, Hawking recebeu a posição.

Casaram-se nesse ano, e o primeiro filho, Robert, nasceu em 1967. Uma rapariga, Lucy, seguiu-se-lhe três anos mais tarde. A pressão não tardou a recair toda sobre Jane. Não só tinha duas crianças pequenas a seu cargo, como também os cuidados que a situação do marido exigia estavam rapidamente a intensificar-se. Obtiveram ajuda externa, através de enfermeiras ao domicílio e, posteriormente, assistentes académicos estagiários que também assumiam algumas das tarefas domésticas de Hawking. A Jane, faltava-lhe, no entanto, a privacidade de que haviam em tempos gozado e começou a sentir-se uma peça sobresselente, à medida que a carreira de Stephen começava a acelerar. A chegada de um terceiro filho, Timothy, em 1979, veio apenas acrescentar mais trabalho, independentemente de ter sido um acrescento muito amado à família.

Como diria ao *Telegraph* em 2015: «Por vezes, a vida era simplesmente tão horrível, tão esgotante, física e mentalmente, que tinha vontade de me atirar ao rio — embora, naturalmente, nunca o tenha feito por causa das crianças.» Numa entrevista concedida nesse mesmo ano ao *Guardian*, pormenorizou as dificuldades que enfrentava: «A verdade é que o nosso casamento tinha quatro parceiros. Eu e o Stephen, a doença dos neurónios motores e a física. Se retirássemos a doença dos neurónios motores, ainda ficávamos com a física.» Fez ainda notar um outro eco de Einstein na vida do marido: «Sabe que a Sra. Einstein referiu a física como um [motivo] para o divórcio...»

Enquanto a estrela de Hawking ascendia no firmamento ao longo da década de 1980, Jane sentia-se cada vez mais encarcerada na sua existência e distante do seu célebre marido. «A fama e a fortuna vieram tornar toda a situação mais confusa e levaram-no para muito longe da órbita da nossa família», contou ao *Observer* em 2004. A filha, Lucy, descreveu este sentimento de forma algo mais seca, quando citada num artigo da *Vanity Fair* nesse mesmo ano: «Admirei-o durante todos os primeiros anos da minha vida, quando não era rico nem famoso, e todos o víamos assim — porque o amávamos. E depois, no minuto em que ganhou fama e dinheiro, já lá não estava.» Nas palavras de Jane, o marido havia-se tornado um «imperador todo-poderoso» e um «mestre das marionetas».

No final da década de 1980, o casamento tinha entrado efetivamente em rutura. Após o nascimento de Tim, Jane havia convidado um organista da igreja local, Jonathan Hellyer Jones, a viver na residência dos Hawkings. Para Jane, era como que uma apólice de seguro, caso algo acontecesse a Stephen. Afirma que este acordo era inicialmente platónico e que o marido o aceitara tacitamente. Ele sugere, no entanto, que não se sentiu capaz de contestar, mas que se ressentiu da sua crescente proximidade. Entretanto, ele próprio sentiu que estava a começar a apaixonar-se por uma das suas enfermeiras, Elaine Mason, que era casada com o homem que havia ajudado Hawking a realizar várias adaptações aos seus computadores, para que os conseguisse operar a partir da cadeira. Em 1990, Hawking suspendeu o casamento e foi viver com Elaine. Stephen e Jane divorciaram-se em 1991 e ele casou com Elaine quatro anos depois.

Jane casou-se com Jonathan em 1995. Os antigos Sr. e Sra. Hawking praticamente não falavam e a sua relação com as crianças era pouco melhor. Entretanto, as variações do seu cenário doméstico captaram a imaginação da imprensa popular. De repente, o génio reverenciado descobriu que a sua vida pessoal era alimento para tabloides.

Inerentemente protetor da sua privacidade, Hawking teve dificuldade em tolerar a intrusão, mas o pior ainda estava para vir. Em 2000, ele e Elaine estavam no centro de uma investigação policial sobre alegações — sustentadas na imprensa por declarações proferidas por enfermeiros anónimos — de que ele estava a sofrer de abusos infligidos pela mulher. A filha Lucy foi uma das pessoas que contactou a polícia exigindo que investigassem uma aparente série de lesões físicas inexplicadas, já para não falar de acusações de abuso emocional.

Hawking ficou furioso ao perceber que a sua vida pessoal estava a desenrolar-se sob o foco da publicidade. «Rejeito firme e sinceramente as alegações de que fui vítima de abuso», disse ele numa declaração em 2000. E a polícia também não encontrou provas que consubstanciassem as acusações. No final, Hawking e Elaine divorciaram-se em 2006, mas ele nunca sugeriu que ela tivesse cometido algum tipo de abuso. A relação, referiu ele, era «apaixonada e tempestuosa» e tinha os seus «altos e baixos», mas também lhe agradeceu por lhe ter salvado a vida em várias ocasiões quando os seus problemas de saúde pareciam estar a levar a melhor.

Depois de se divorciar de Elaine, as relações entre Stephen e Jane e os filhos melhoraram consideravelmente (a ponto de ele e Lucy terem coescrito uma série de livros; ver «Escrever como Hawking», página 155). Essa melhoria reflete-se no livro que Jane publicou em 2007 sobre a sua vida juntos, *Viagem ao Infinito: a Extraordinária História de Jane e Stephen Hawking*, que viria a ser a base do filme *A Teoria de Tudo*. Trata-se de uma revisão de um livro anterior, *Music to Move the Stars: A Life With Stephen*, de 1999, e uma grande parte da aspereza que era evidente nessa obra claramente desvaneceu. Como descrevia o *Independent on Sunday*: «Não é um livro de vingança, embora a agonia por que passou seja palpável; se a luta de Stephen para manter a nitidez da mente é heroica, também o é então a determinação dela em equilibrar as suas crescentes necessidades e as dos seus três filhos.»

Poderá nem sempre ter sido uma história bonita, mas a história matrimonial de Hawking é o reflexo de uma vida complexa e rica que intensifica ainda mais a ideia popular do génio calmo dentro de um corpo de inválido.

As carreiras constroem-se, não nascem do nada

«A ciência faz-se de atropelos. A maioria de nós trabalha a atropelar-se uns aos outros. Stephen, pela natureza da sua incapacidade, não consegue trabalhar com atropelos.»

BERNARD CARR, PROFESSOR DE MATEMÁTICA E ASTRONOMIA NO QUEEN MARP, UNIVERSIDADE DE LONDRES, ANTIGO ALUNO DE DOUTORAMENTO ORIENTADO POR HAWKING, ENTREVISTADO PARA O *GUARDIAN*, 2008

E nquanto o debate sobre como surgiu exatamente o Universo se mantém aceso, há algo de que podemos estar mais certos: as carreiras *não* surgem espontaneamente. E não passam seguramente por fases de uma súbita e rápida expansão. Uma carreira bem-sucedida exige vários ingredientes — uma pitada de talento natural, uma boa ética de trabalho e um fortuito alinhamento das estrelas, por exemplo. Alguma estratégia revela-se, no entanto, igualmente importante.

O jovem Hawking nutria ambições de fazer coisas extraordinárias, mas só com o fim próximo da sua estada em Oxford (e, é claro, a entrada de Jane Wilde em cena) parece começar a pensar seriamente no assunto. Quando chegou o momento de escolher o doutoramento, sentia-se atraído pela cosmologia, não só porque tinha um intuitivo interesse nessa matéria, mas também porque se apercebeu de que era uma área de investigação algo negligenciada até então e no limiar de inovações notáveis. Hawking intuiu que estava prestes a acontecer uma festa cosmológica e ele fazia questão de estar na lista de convidados. Na sua escolha do local de estudo, foi quase certamente influenciado pela oportunidade de trabalhar sob a orientação do (então) maior nome na área, Fred Hoyle. O facto de o destino intervir e o colocar, em vez disso, a trabalhar com Dennis Sciama (alguém com quem, como se veria depois, desenvolveu uma relação muito mais próxima) é talvez um exemplo de como o êxito exige uma boa dose de sorte.

O instinto para saber qual o local certo para trabalhar, e com as pessoas certas, foi algo que marcou a carreira de Hawking. Como se torna evidente através da resenha que apresentámos anteriormente das suas muitas colaborações, trabalhou com muitos dos maiores nomes da física ao longo dos últimos 60 anos, começando por Sciama e Roger Penrose. Não é algo que tenha acontecido por acaso, mas resultado de uma estratégia ponderada. Manteve-se rodeado de outros intelectos brilhantes que sabe poderem revelar nele o que de melhor tem para dar, da mesma forma que ele também os estimula.

De modo semelhante, embora o Departamento de Matemática Aplicada e Física Teórica tenha sido o seu lar espiritual durante uma grande parte da sua vida profissional, foi fazendo experiências numa série de outras grandes instituições quando isso servia os seus abrangentes objetivos de carreira. Em 1974, por exemplo, transferiu a sua jovem família para a Califórnia para aproveitar a oportunidade de estudar no Caltech, financiado com uma bolsa, a Sherman Fairchild Distinguished Scholarship. Ali, conviveria com astros tão brilhantes como Richard Feynman e Kip Thorne. Foi uma jogada ousada, mas sentiu que tinha de arriscar. E provou-se que estava espetacularmente correto.

O Caltech providenciou-lhe os cuidados de que necessitava então, face à deterioração da sua saúde (sem dúvida, esta instituição na altura tinha melhores condições de o fazer do que as autoridades de Cambridge) e deu à sua família a oportunidade de experimentar o «sonho americano» durante algum tempo. Mais importante do que isso, a sua estada ajudou-o a consolidar a sua crescente reputação no palco académico internacional. Afinal de contas, o Caltech produziu mais de 30 galardoados com o Prémio Nobel, apesar de ser uma faculdade relativamente pequena. Ao regressar a Cambridge, foi recebido como um herói. Os impactos práticos foram melhores instalações domésticas, sendo que a universidade o ajudou a encontrar um alojamento melhor e mais adequado.

Hawking foi sempre otimista no que toca à satisfação das suas necessidades pessoais, de modo a conseguir trabalhar o mais eficazmente possível. Aceitou a ajuda quando dela necessitou, sendo sincero quando lhe faltava essa ajuda e recusando-se a ser um mártir a sofrer em silêncio. Os seus feitos, por mais extraordinários que sejam, teriam sido liminarmente impossíveis se não tivesse procurado apoio, onde quer que estivesse disponível. Vemos isso muito claramente na sua disponibilidade para recorrer à mais recente tecnologia e assim lhe facilitar a vida diária, desde o computador adaptado à cadeira de rodas que lhe permite utilizar dispositivos eletrónicos, até ao sintetizador de voz que ajudou a definir a sua *persona* pública. Esta sua aceitação de receber ajuda no domicílio a partir da década de 1970 teve um grande custo pessoal, já que a família não tinha capacidade de cuidar dele sozinha. Caracteristicamente, Hawking seguiu sempre em frente, contratando sucessivos estudantes de investigação para o ajudarem, a começar por Bernard Carr. Auxiliavam-no com as tarefas básicas da vida quotidiana e, em troca, como descreve Carr, podiam «participar na história». Hawking transformou assim uma situação incrivelmente delicada num cenário em que todos ganham.

Apesar de ter permanecido apenas um ano na Califórnia, Hawking manteve desde então elos estreitos com o instituto e com os seus investigadores pioneiros a nível mundial. Também manteve um pé dentro de outras instituições de ponta, incluindo o CERN, na Suíça. Albergando o Grande Acelerador de Partículas, é atualmente o centro mais importante em todo o mundo para a investigação da física de partículas e, embora Hawking nunca tenha feito parte do seu quadro, foi lá muitas vezes em visita para se manter a par das últimas ideias que ali estavam a nascer. Entretanto, em 2008, aceitou o cargo de honorável investigador convidado (Distinguished Visiting Research Chair) no Perimeter Institute for Theoretical Physics de Ontário, no Canadá. Sendo uma organização de investigação independente, é atualmente o maior instituto no mundo que se dedica exclusivamente à física teórica. Em 2011, inaugurou um novo grande complexo que foi batizado em honra de Hawking, que já esteve no local em várias ocasiões.

Quanto a Cambridge, tem cumprido o seu papel de garantir que Hawking se sente valorizado pela sua *alma mater*. Mais significativo ainda foi a sua entrada para a prestigiada lista de professores lucasianos de Matemática de Cambridge, uma posição inaugurada em 1663. Hawking tinha apenas 37 anos quando acedeu à famosa cátedra: manteve-a durante 30 anos e jubilou-se em 2009 com 67 anos de idade, como exige a tradição. Continua entretanto como diretor de investigação do

Departamento de Matemática Aplicada e Física Teórica e também orienta o Centro de Cosmologia Teórica de Cambridge, um departamento que fundou em 2007. Cambridge outorgou--lhe uma outra honra em 1989, nomeando-o Doctor of Science honorário.

Hawking foi assim avançando discretamente, escalando com eficácia a escorregadia escada da academia e aguentando--se no topo durante décadas. Apesar de ter passado muitos anos a sobreviver com um modesto salário académico, é também conhecido como um astuto negociador que raramente se subestima. Espera, e com razão, obter uma remuneração justa pelas suas competências singulares e já desde a década de 1980, quando a sua fama começou a aumentar, exigia a devida e elevada compensação por compromissos para escrever artigos e enquanto orador. Além do mais, tornou-se um mestre da publicidade. Sabe que as suas manifestações públicas serão alvo de muita atenção e mantém-se sempre na boca do mundo, provocando alegremente uma pequena controvérsia uma vez por outra. Por exemplo, contribuiu para debates sobre tudo, desde a probabilidade das viagens no tempo até aos perigos da inteligência artificial e a existência de vida extraterrestre. A determinada altura, a sua franqueza foi recebida criticamente pelos seus colegas cientistas, que questionaram por diversas vezes a profundidade dos seus conhecimentos em determinadas áreas e a influência indevida que as suas palavras parecem por vezes exercer. Mas Hawking continua imperturbável a trabalhar os *media*. Afinal, por algum motivo se tornou o mais famoso cientista vivo. Não se conhece ao certo o seu nível de riqueza, mas crê-se que alcance os vários milhões de libras. Não há por aí muitos físicos teóricos que possam dizer o mesmo.

ENJEITADO DO NOBEL?

> «Penso que a maioria dos físicos teóricos concordará que a minha previsão sobre a emissão quântica dos buracos negros está correta, apesar de, até agora, não me ter garantido o prémio Nobel, pois é muito difícil de verificar experimentalmente.»
> STEPHEN HAWKING, *A MINHA BREVE HISTÓRIA*, 2013

O que não tem faltado a Hawking são honras e prémios ao longo de toda a sua carreira. Incluem-se aqui, por exemplo, celebrações tão prestigiadas quanto o Prémio Albert Einstein, o Prémio Dirac e o Prémio de Física Fundamental. Este último, atribuído a Hawking em 2013, foi fundado pelo cientista e empresário russo Yuri Milner, para premiar contributos para a investigação fundamental. No valor de uns simpáticos três milhões de dólares, é financeiramente o prémio académico mais valioso em todo o mundo. Entre outras honras atribuídas a Hawking, encontramos a eleição para membro da Royal Society ainda na casa dos 30 anos e a sua condecoração como Comandante da Ordem do Império Britânico em 1982. Recebeu igualmente a Medalha Presidencial da Liberdade, o mais elevado galardão civil dos EUA.

Ainda assim, há um prémio cuja ausência no seu currículo se revela flagrante: o Prémio Nobel da Física. À primeira vista, parece estranho que a figura viva mais celebrada da ciência tenha sido privada do seu maior tributo. Será vítima de alguma conspiração de inveja ou preconceito? Ou será que, vamos mesmo ousar perguntar, ele não é suficientemente brilhante para o merecer? A resposta a ambas as perguntas é «Não». Contudo, para que Hawking ganhasse o Prémio Nobel teriam de ser cumpridos determinados critérios que só improvavelmente poderiam ser cumpridos.

Como veremos no capítulo sobre o «Legado de Hawking» no final deste livro, existe quem se questione se as suas capacidades como teórico terão sido sobrestimadas. É verdade que existe uma série de cientistas extravagantemente dotados que trabalham nesta área que também fizeram as suas espantosas descobertas, mas que, ainda assim, não apresentam um perfil como o de Hawking e que, por isso — sugerem alguns —, não recebem os créditos que merecem em comparação. Contudo, poucos discordarão de que Hawking ocupa um lugar muito próprio entre a elite científica do planeta e só os mais rancorosos não concordam que deveria ser considerado candidato ao Nobel. Como refere Brian Cox, o celebrado apresentador de televisão e professor de física de partículas na Universidade de Manchester, é «um génio com calibre de Prémio Nobel».

O Prémio Nobel da Física é atribuído desde 1901, de acordo com as regras estipuladas no testamento de Alfred Nobel, o sueco que inventou a dinamite. Nobel receava vir a ser recordado essencialmente como o criador de um instrumento de destruição, por isso a sua intenção foi de que os prémios celebrassem quem contribui mais positivamente para o mundo. O prémio da física deveria assim ser concedido «à pessoa que tivesse feito a descoberta ou invenção mais importante na área da física...». Aquando da redação deste livro, no seu tempo de vida, o prémio da física conta com mais de duzentos laureados, entre os quais não está Hawking, apesar de existir um *lobby* pró-Hawking no seio da Academia Nobel há bem mais de 30 anos.

Reconhece-se geralmente que lhe foi negado o prémio até hoje, porque o seu trabalho mais celebrado — que diz respeito à existência da radiação de Hawking — não pode ser comprovado experimentalmente. Embora esta tese seja amplamente aceite e se integre nos modelos teóricos, ninguém conseguiu testemunhar efetivamente o fenómeno. Permanece discutível saber se alguma vez conseguiremos estudar um buraco negro no momento em que evapora, mas sem essa base de evidência, o Prémio Nobel continuará provavelmente a escapar-lhe.

Hawking reconhece-o, mas ainda mantém a esperança de que um milagre científico conjure a seu favor. Como disse a jornalistas em 2008 referindo-se ao então recentemente operacional grande acelerador de partículas: «Para mim, o mais empolgante seria se encontrasse pequenos buracos negros, porque nessa altura ganharia o Prémio Nobel. Mas não me parece que seja muito provável, não me vou agarrar a essa possibilidade.»

Hawking não é de modo algum o primeiro teórico a quem escapa o maior prémio de todos. Alguém com o estatuto de Einstein quase foi vítima do mesmo apuro, até que o ganhou por fim em 1922. Embora a maioria das pessoas aceitasse que a teoria geral da relatividade tinha sido o seu excecional contributo para a Humanidade, a comissão Nobel enfrentava um problema idêntico ao que tem com Hawking: ninguém podia provar a teoria mediante experiências observáveis. Por isso permaneceu uma «teoria», e não uma «lei» que pudesse cumprir a exigência de Nobel de «descoberta ou invenção». A solução da comissão foi, por fim, contornar a questão. Einstein acabou por receber o prémio — 12 anos após a sua nomeação — pelos «seus serviços em prol da física teórica e especialmente pela sua descoberta da lei do efeito fotoelétrico». Por outras palavras, recebeu o prémio por um trabalho muito menos celebrado, menos brilhante e menos influente do que a teoria geral.

É discutível que Hawking possa vir a beneficiar de uma artimanha semelhante. Do mesmo modo que Marcel Brillouin — que propôs Einstein para o prémio em 1922 — lançou a questão de como seria daqui a 50 anos se Einstein continuasse a ser ignorado, podemos questionar o mesmo sobre Hawking. Mas ele, pessoalmente, encara a situação com tranquilidade. Conforme comentou ao receber o Prémio de Física Fundamental (com um valor mais de duas vezes superior ao do Prémio Nobel): «Ninguém se dedica à investigação na física com a intenção de ganhar um prémio. Trata-se antes da alegria de descobrir algo que ninguém sabia antes...»

Errar não é pecado

«Algumas pessoas ficarão muito desiludidas se não
existir uma derradeira teoria que possa ser formulada
sob a forma de uma quantidade finita de princípios.
Eu costumava pertencer a esse grupo, mas mudei de ideias.»

STEPHEN HAWKING, PALESTRA
«GÖDEL E O FIM DA FÍSICA», 2002

C omo analisámos no capítulo «Não Impor Limites à Ambição», a posição de Hawking sobre uma teoria de tudo mudou de forma fundamental. Depois de ter acreditado que a raça humana estava praticamente ao alcance de a descobrir, sugere atualmente que essa ambição será provavelmente inatingível. Este tipo de mudança de opinião costuma desconcertar os observadores, da mesma forma que os eleitores muitas vezes se sentem indignados por políticos que fazem cambalhotas políticas. Existe uma estirpe de políticos que adapta a suas políticas de modo a virarem ao sabor do vento, e, com razão, merecem a nossa desconfiança. Mas existe ainda outro tipo, aquele que muda de ideias à luz de novas evidências ou após refletir novamente em profundidade sobre todas as informações que tem ao seu dispor. Hawking faz algo semelhante em termos científicos, por isso o ato de mudar de ideias pode ser encarado como admirável, e mesmo corajoso. Podendo esconder-se atrás da sua reputação de «génio», opta pelo contrário — por se expor ao escrutínio dos outros (já para não falar da potencial ridicularização), admitindo que cometeu um erro intelectual. Fá-lo, sabendo que só admitindo e aprendendo com os erros, podemos fazer verdadeiros progressos.

Pelos cálculos do próprio Hawking, a maior reviravolta da sua carreira diz respeito àquilo que é conhecido como o paradoxo de informação dos buracos negros. Neste contexto, «informação» são os dados que definem as propriedades de um determinado objeto — por exemplo, tamanho, cor ou carga.

Segundo o teorema da calvície, defendido por Hawking, os buracos negros têm muito pouco conteúdo informativo (ou seja, são descritos apenas pela sua massa, rotação e carga). E, no entanto, sabemos que tudo o que caia num buraco negro não lhe consegue escapar. Que acontece então a toda a informação singular associada a esses objetos? Hawking está há muito convicto de que é destruída dentro do buraco negro, mas isso parecia contrariar outras leis científicas fundamentais que indicam que essa informação tem de ficar preservada — e daí o paradoxo.

A questão do destino da informação num buraco negro foi alvo de uma aposta famosa, em 1997, entre Hawking e Kip Thorne por um lado (que defendiam que a informação é destruída) e o seu colega do Caltech, John Preskill, por outro (que defendia que a radiação de Hawking permite uma «fuga» de informação dos buracos negros). Em 2004, Hawking admitiu a derrota com base nas reflexões quânticas mais atualizadas no momento, oferecendo a Preskill uma enciclopédia de basebol, uma fonte simbólica a partir da qual «se acede livremente à informação». (Só para que se saiba, Thorne ainda não desistiu da aposta.)

Em 2012, Hawking disse ao *New Statesman*:

«Eu costumava pensar que a informação era destruída nos buracos negros. Mas a correspondência AdS/ /CFT [correspondência anti-de Sitter/teoria de campos conformes; uma relação implícita entre teorias separadas que integravam as teorias de campo quântico e a teoria das cordas] levou-me a mudar de ideias. Foi a minha maior gafe, ou pelo menos a minha maior gafe em ciência.»

Procurando compensar o seu reconhecido erro, em 2015 anunciou que iria publicar um artigo que havia escrito e que foi generalizadamente apresentado como contendo «a resposta para o paradoxo da informação dos buracos negros». Postulava agora que as partículas que entram num buraco negro podem gerar uma disrupção que leva a que a informação fique inculcada na radiação de Hawking emitida pelo buraco. Enquanto os *media* entravam num inevitável frenesi, a maioria dos especialistas da área argumentava que, embora sendo uma hipótese interessante, estava ainda bastante longe de uma resposta definitiva para o paradoxo. É, ainda assim, outro patamar na complexa recalibração dos seus pensamentos sobre este tópico.

Todavia, esta não foi a única reviravolta que deu. No que toca a quedas vistosas, a sua mudança de ideias sobre o célebre bosão de Higgs está entre as mais aparatosas. Assim designado em honra do físico britânico Peter Higgs, o bosão de Higgs é uma partícula subatómica cuja existência foi proposta pela primeira vez em 1964. É, resumidamente, um mecanismo que pode ser utilizado para explicar o modo como determinadas partículas ganham massa, uma questão ainda por responder no modelo padrão amplamente aceite das partículas elementares. No início da primeira década do novo século, Higgs e Hawking encetaram um debate público animado — e nem sempre edificante — sobre a sua existência, insistindo Hawking que não seria encontrada.

Todavia, o bosão de Higgs foi descoberto no grande acelerador de partículas do CERN em 2012. Hawking teve bom senso o bastante para ver que a contenda tinha acabado, chegando mesmo a promover a atribuição do Prémio Nobel a Higgs. Este foi alvo das devidas honras pela Academia Nobel em 2013, partilhando o galardão com François Englert. Hawking foi gracioso no seu elogio, apesar de ter sido divertidamente sardónico:

«Há algumas semanas, Peter Higgs e François Englert partilharam o Prémio Nobel pelo seu trabalho no bosão e mereceram-no inteiramente. Parabéns a ambos. Mas a descoberta da nova partícula foi feita com um custo pessoal. Eu tinha apostado com Gordon Kane, da Universidade do Michigan, que a partícula de Higgs nunca seria encontrada. O Prémio Nobel custou-me 100 dólares.»

Também não conseguiu resistir a uma farpa sarcástica contra o seu rival, refletindo sobre o bosão de Higgs: «A física seria muito mais interessante se não tivesse sido encontrado.»

Em última análise, Hawking está consistentemente aberto à possibilidade de não ter razão quanto a uma determinada matéria. Apesar de todo o burburinho que ocasionalmente acompanha as suas declarações públicas, nunca perdeu de vista a precariedade da atividade de um físico teórico. Como ele próprio disse em *A Minha Breve História*:

«Qualquer teoria física é sempre provisória, já que é sempre uma hipótese: nunca a podemos provar. Independentemente de quantas vezes os resultados das experiências confirmem uma determinada teoria, nunca podemos ter a certeza de que, da próxima vez, o resultado não a venha contradizer. Por outro lado, podemos contestar uma teoria através de uma só observação que contradiga as suas previsões.»

Ler como Hawking

«A ficção científica permite-nos passar bons momentos
e também serve uma finalidade mais séria, a de expandir
a imaginação humana.»

STEPHEN HAWKING NO PREFÁCIO DE *THE PHYSICS
OF STAR TREK*, DE LAWRENCE M. KRAUSS, 1995

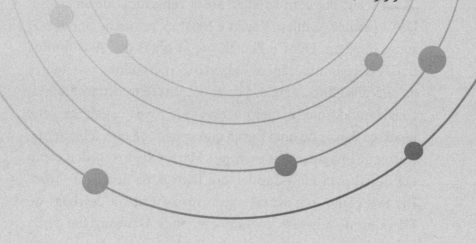

É seguro dizer que Hawking é notavelmente culto no que toca à literatura da ciência, na medida em que se relaciona com as suas áreas específicas de interesse. De Copérnico, Galileu, Kepler e Newton, passando por outros como Einstein, Dirac e Planck, até às obras dos seus muitos notáveis contemporâneos, Hawking mergulhou nos temas da sua disciplina. Este é, por si só, um feito extraordinário, considerando que o mero acesso aos livros esgota os seus recursos físicos de uma forma que poucos de nós, felizmente, consegue imaginar. Por exemplo, Martin Rees recordou como era difícil para Hawking ler um livro já na década de 1970. Diz-nos como, por vezes, empurrava a cadeira de rodas de Hawking de regresso ao gabinete, onde Hawking lhe pedia que deixasse aberto um determinado volume, num trecho específico. «Sentava-se imóvel, encurvado, durante horas», conta Rees. «Nem sequer conseguia virar as páginas sem ajuda.»

Dois dos livros escritos por Hawking proporcionam um bom ponto de partida para investigarmos algumas das obras científicas que mais o influenciaram — *Aos Ombros de Gigantes*, de 2002 (ver página 51), e *God Created the Integers*, de 2005, nos quais descreve a sua escolha das maiores obras matemáticas da História, desde Euclides até Alan Turing.

Contudo, Hawking não se limitou a obras não ficcionais. É, por exemplo, um grande adepto da ficção científica — um género que leu extensamente na adolescência (tendo sido, na verdade, um leitor tardio). A atração era evidente, uma vez que este género lhe dava a oportunidade de combinar o seu amor pela ciência e a tecnologia com o seu fascínio por tudo o que existe além do nosso planeta. Por outras palavras, uma boa dose de ficção científica permite-lhe a contemplação pela imaginação dos tipos de questões existenciais que têm sido o seu alimento.

Teve a sorte de viver numa era dourada da ficção científica. Nomes lendários como Isaac Asimov, Philip K. Dick, Arthur C. Clarke e Kurt Vonnegut estavam todos no seu auge quando Hawking mergulhou neste género. Estas leituras vinham naturalmente acrescer a todas as obras que já haviam nessa altura alcançado o estatuto de clássicos — romances como a epopeia das viagens no tempo de H. G. Wells, *A Máquina do Tempo*. Conseguimos imaginar o jovem Hawking de atenção fixa a ler esse livro que, argumentavam alguns, pressagiava a teoria geral da relatividade em pelo menos 20 anos. Como disse Lawrence Krauss na sua obra crítica, *Hiding in the Mirror*, «a primeiríssima página [...] apresentava uma explicação apresentada pelo anónimo viajante no tempo sobre o modo como os objetos têm de existir, não só no tempo, como também no espaço. Para os ouvidos modernos, a sua descrição soa muito próxima da visão de Einstein acerca do espaço e do tempo.»

Hawking também devorou avidamente as obras de Aldous Huxley (1894–1963), um escritor inglês cujos romances transcendiam os limites tradicionais do género. A sua obra mais celebrada é *Admirável Mundo Novo*, publicada em 1932, em que apresentava uma visão distópica de Londres vários séculos avançada no futuro. Pegando em temas tão díspares como os progressos da tecnologia reprodutiva e o condicionamento psicológico, descreveu um mundo assustador que colocava os leitores perante sérias questões filosóficas. Era uma ficção científica que nos fazia verdadeiramente pensar. Contudo, Hawking não aprecia toda a produção deste autor. Leu, por exemplo, um dos romances anteriores de Huxley, *Contraponto*, de 1928, quando estudava em Oxford e considerou que a longa (a mais longa das obras de Huxley) e complexa narrativa com vários fios de conduta era algo entediante. É um «romance muito mau», argumentou, um juízo que nos revela que Hawking não se coíbe de brandir o escalpelo da crítica e não respeita uma reputação só porque sim.

Sempre consumidor criterioso deste género, em 1992 Hawking disse: «Li muita ficção científica quando era adolescente. Mas agora que trabalho nesta área, para mim a maioria da ficção científica é um pouco simplista... A verdadeira ciência é muito mais empolgante, porque está realmente a acontecer à nossa volta. Os autores de ficção científica nunca sugeriram os buracos negros antes de os físicos terem essa ideia.» E numa entrevista ao comediante e apresentador de televisão John Oliver, em 2014, lançou mesmo um desafio à geração atual de autores de ficção científica — que integrem o tempo imaginário nos seus argumentos: «É a única parte do meu trabalho que os autores de ficção científica ainda não utilizaram, porque não a compreendem.»

A FICÇÃO CIENTÍFICA E O CIENTISTA

O fascínio de Hawking pela ficção científica não desvaneceu com o passar dos anos, já que sacia o seu apetite não só com livros como também com filmes e séries de televisão. Por exemplo, é adepto confesso de O Caminho das Estrelas. No seu prefácio à afamada investigação de Krauss sobre a ciência presente nessa série, Hawking comentou por que razão continua a sentir-se atraído por ficção científica de elevada qualidade. «Podemos explorar o modo como o espírito humano poderia responder a desenvolvimentos futuros na ciência», escreveu, «e podemos especular sobre que desenvolvimentos poderiam ser esses.» Entretanto, em 2007, apresentou uma série de dramas de ficção científica com a duração de uma hora, para o canal ABC, designados por Mestres da Ficção Científica. Cada episódio adaptava uma história da autoria de profissionais reputados, como Harlan Ellison, Howard Fast, Robert A. Heinlein, John Kessel, Walter Mosley e Robert Sheckley.

Embora Hawking ostente as suas credenciais de intelectualoide da ficção científica com orgulho, as suas preferências literárias são bastante conservadoras. Entre os autores que experimentou ler na juventude, por exemplo, encontramos Kingsley Amis (1922–1995). Embora Amis tenha acabado por angariar a reputação de ser uma espécie de indivíduo grosseiro com uma política pessoal claramente questionável, quando invadiu a cena literária em 1954, com *A Sorte de Jim*, era considerado um elemento central do chamado movimento dos *Angry Young Men*. Amis, à semelhança da maioria dos escritores associados a este grupo (entre os quais John Osborne, John Braine, John Wain e Alan Sillitoe), tentou distanciar-se deste rótulo. Ainda assim, esta afiliação distante de escritores da classe trabalhadora e da classe média — combatendo as desigualdades da vida no pós-guerra britânico sob a égide do *Establishment* — sem dúvida atraía os sentimentos do próprio Hawking de desilusão e tédio face ao seu tempo. Adicionalmente, *A Sorte de Jim* é considerado um dos melhores romances de comédia escritos em inglês; o seu relato das contrariedades sofridas por Jim Dixon (um jovem e descontente leitor de História Medieval numa universidade de província) teria atraído o endiabrado sentido de diversão de Hawking. Poderia igualmente sugerir-se que Hawking e Amis levaram uma vida inteira desnorteados face à natureza das mulheres.

Sabemos também que era admirador de William Golding (1911–1993), galardoado com o Prémio Nobel da Literatura em 1983, cuja obra mais conhecida é o romance *O Deus das Moscas* (publicado no mesmo ano de *A Sorte de Jim*).

A história de um grupo de rapazes encalhados numa ilha desabitada que tentou viver segundo o seu próprio sistema de governo foi um dos livros mais celebrados do século, pelo seu estudo da natureza humana e da batalha entre o interesse pessoal e o bem comum. Com um ambiente distópico, assume um cariz também extremamente político e revela o investimento do próprio Hawking em temas externos ao anfiteatro das suas aulas. O mesmo se aplica ao seu interesse por Bertrand Russell (1872–1970), o filósofo britânico, matemático e polímato versátil. Sendo um lógico de primeira água — que, nas suas próprias palavras, «imaginou[-se a si] mesmo alternadamente como liberal, socialista ou pacifista» —, Russell raramente fugia a um desafio intelectual. Tendo recebido o Prémio Nobel da Literatura em 1950 «em reconhecimento pela sua escrita diversificada e significativa, em que defende os ideais humanitários e a liberdade de pensamento», era precisamente o tipo de «homem de grandes ideias» com quem Hawking alinha facilmente.

Contudo, na sua participação, em 1992, no programa Desert Island Discs, Hawking indicou um dos grandes romances vitorianos como o livro que gostava de ter em caso de naufrágio (a par da *Obra Completa* de *Shakespeare* e da Bíblia, os títulos que os produtores do programa davam sempre por princípio aos náufragos). A sua escolha recaiu sobre *Middlemarch*, de George Eliott (pseudónimo de Mary Ann Evans, 1819––1880), que descreveu como «um livro para adultos». Publicado originalmente por partes, entre 1871 e 1872, trata-se de uma obra-prima de caraterização e enredo. Com um vasto conjunto de personagens a entretecer os seus percursos ao longo de diversos enredos interligados, reflete sobre as questões profundas da política e da filosofia, as quais continuam tão pertinentes na atualidade como o eram quando o romance foi escrito. De certa forma, capta todo um mundo nas suas páginas, sendo possivelmente essa oportunidade que nos dá de projetarmos a mente sobre todo um cosmos literário cativo que mais atrai Hawking.

Defender aquilo em que acreditamos

«A guerra nuclear continua a ser o maior perigo à sobrevivência da raça humana.»

STEPHEN HAWKING, EXPRESSANDO-SE CONTRA A RENOVAÇÃO DO SISTEMA DE DEFESA NUCLEAR *TRIDENT* PELO GOVERNO BRITÂNICO, 2011

S e tivermos em conta tudo o que alcançou perante a adversidade que enfrentava, Hawking ficou imbuído de uma aura de autoridade moral como poucas outras figuras públicas. Aliado ao facto de existir apenas um número reduzido de pessoas suficientemente ousadas para se considerarem seus pares a nível intelectual, assume assim uma posição virtualmente singular para poder influenciar a opinião pública e as políticas governamentais. E esta é uma tarefa a que se dedica vigorosamente.

Cresceu numa atmosfera de ativismo político, especialmente do lado da mãe, que fora em tempos membro do Partido Comunista Britânico e membro inicial e empenhado do movimento de paz CND (campanha pelo desarmamento nuclear). Sem dúvida que Hawking se apercebeu bem cedo de que um dos seus heróis, Albert Einstein, tinha feito uso da sua fama como cientista para chamar a atenção para questões políticas e sociais mais vastas, e com efeitos muito substanciais.

Do mesmo modo que Einstein fez campanha para promover o desarmamento nuclear — uma tecnologia possibilitada pelas suas descobertas científicas — também Hawking «vestiu a camisola». Em 1946, Einstein escrevia no *New York Times*: «O poder libertado do átomo veio mudar tudo menos a nossa forma de pensar, e por isso estamos à deriva na direção de uma catástrofe sem paralelo.» O que ele teria pensado do facto de Hawking — seu sucessor na consciência pública — ter necessitado de insistir na mesma mensagem mais de 60 anos depois é algo que só podemos tentar adivinhar. Hawking também assumiu uma voz clara contra a invasão do Iraque em 2003, que descreveu como um crime de guerra, já que a decisão de empreender uma ação militar se havia «baseado em mentiras».

Não obstante, foi talvez na sua campanha pelos direitos das pessoas com incapacidade que Hawking conseguiu o maior impacto. Sendo ele provavelmente a pessoa com incapacidade mais famosa do planeta, quando fala sobre o assunto, as outras pessoas são compelidas a ouvir. Já em 1979 ele tinha sido nomeado Homem do Ano pela Royal Association for Disability and Rehabilitation. A sua demanda pela melhoria das condições disponíveis às pessoas com incapacidade começou a assumir contornos mais sérios nessa década, quando travava a sua própria luta pessoal com as autoridades de Cambridge. Nessa outra era, considerava que as regras da universidade eram inflexíveis no que tocava, por exemplo, a proporcionar-lhe alojamento que acomodasse as suas necessidades especiais ou a adaptar o edifício do Departamento de Matemática Aplicada e Física Teórica à sua cadeira de rodas.

Num discurso que proferiu no Gonville & Caius College em 2015, descreveu uma imagem simpática da ajuda que recebeu ao longo dos anos: «Foi adaptado um apartamento para mim e para a minha família», disse ele. «A universidade instalou um elevador nos seus belíssimos edifícios medievais e estes foram adaptados à tecnologia do século xx de que eu necessitava para me movimentar e trabalhar». Esta foi, no entanto, uma evocação algo pintada em tons de rosa, já que excluiu grande parte dos pormenores sórdidos da pressão necessária para obrigar a universidade a agir. Podemos pressupor que foi taticamente pensada para passar a mensagem que realmente queria transmitir nesse dia, quando destacava as deficiências dos orçamentos para o ensino superior:

> «Pergunto-me se um jovem académico ambicioso, com o tipo de doença que apresento agora, teria encontrado a mesma generosidade e apoio em grande parte do sistema de ensino superior. Mesmo com a melhor boa vontade, será que haveria dinheiro para tanto? Receio bem que não.»

Em 2006, a sua luta por melhores acessibilidades para as pessoas com incapacidade elevou-se a nível internacional, quando deu a cara por uma campanha publicitária para promover os direitos das pessoas com incapacidade em Israel. «Daqui a vinte anos, poderemos estar a viver na Lua», entoou ele com a sua voz inconfundível, «durante os próximos duzentos anos poderemos sair do sistema solar e estar a caminho das estrelas, mas, entretanto, nós [as pessoas presas a uma cadeira de rodas] gostaríamos de conseguir ir ao supermercado, ao cinema e a restaurantes.» Seis anos antes, havia-se associado a outras 11 figuras proeminentes, incluindo o arcebispo Desmond Tutu, num apelo à luta pela prevenção da incapacidade e pela proteção dos direitos das pessoas com incapacidade. O foco central do movimento era a Carta para o Terceiro Milénio, que exigia aos governos que demonstrassem a vontade política de prevenir condições e doenças facilmente evitáveis que provocam incapacidade. Hawking tem sido também um defensor acérrimo do direito à utilização de células estaminais na investigação médica (embora alerte contra a expetativa de aparecimento de uma enxurrada de «curas milagrosas») — uma área controversa da ciência que, afirma, está a ser sufocada por legislação «reacionária».

O seu ativismo levou-o a embarcar igualmente numa quantidade considerável de outras causas. Por exemplo, também interveio no turbilhão que é a política do Médio Oriente. Com mais destaque, foi associado a um boicote académico a Israel, recusando-se a comparecer numa conferência que aí teria lugar em 2013. Apesar de não ter divulgado esta sua decisão na altura, uma declaração da Comissão Britânica para as Universidades da Palestina (emitida com a autorização de Hawking) descrevia esta atitude como «a sua decisão independente de respeitar o boicote, com base no seu conhecimento da Palestina e nas recomendações unânimes dos seus próprios contactos académicos nesse território».

Contestou também a crescente desigualdade económica em todo o globo. Por exemplo, respondeu a uma pergunta em «Ask Me Anything» do *Reddit* sobre um futuro em que o trabalho fosse realizado predominantemente por máquinas: «Se as máquinas produzirem tudo aquilo de que necessitamos, o que daí resultar dependerá da forma como tudo é distribuído. Todos poderão beneficiar de uma vida de lazer luxuoso se a riqueza produzida pelas máquinas for partilhada, caso contrário a maioria das pessoas poderá acabar por se tornar miseravelmente pobre, se os detentores das máquinas se unirem com sucesso contra a redistribuição da riqueza. Até agora, a tendência parece ser a segunda opção, com a tecnologia a promover uma desigualdade sempre crescente.» É uma perspetiva sombria e deprimente de uma figura que se situa no topo da ciência.

Apesar de, formalmente, não estar filiado em nenhum partido político, as suas perspetivas políticas situam-se genericamente à esquerda do centro. Antes das eleições gerais do Reino Unido em 2015, falou publicamente acerca da sua intenção de votar pelo Partido Trabalhista, aquele a que a mãe havia pertencido após a sua experiência de juventude com os comunistas. Tem sido um firme opositor dos cortes de austeridade aplicados pelos governos conservadores, no poder desde 2010, em especial nos setores do financiamento da educação e da ciência. Efetivamente, em 2010, ameaçou sair do país se os cortes orçamentais propostos fossem avante. Defende também implacavelmente o sistema nacional de saúde, sem o qual, como referiu em 2009, hoje não estaria vivo.

A posição de Hawking quanto aos problemas das mulheres tem sido, no entanto, mais nebulosa. Viu-se, aliás, em apuros com pelo menos metade da população quando, em 2005, afirmou numa entrevista ao *Guardian*:

«No passado, existia uma discriminação ativa contra as mulheres na ciência. Isso agora já acabou e, embora persistam alguns efeitos residuais, não são suficientes para explicar o número reduzido de mulheres, em especial nas áreas da matemática e da física... É geralmente assumido que as mulheres são melhores do que os homens em línguas, relações pessoais e realização de tarefas múltiplas, mas menos boas na leitura de mapas e na consciência espacial. Não é por isso insensato supor que as mulheres poderão não ser tão boas em matemática e física. Não é politicamente correto dizer este tipo de coisas, e o presidente de Harvard caiu em terríveis apuros ao fazê-lo. Mas não há como negar que existem diferenças entre homens e mulheres.»

Curiosamente, as suas palavras pareceram desfasadas das suas atitudes sociais habitualmente progressistas, mas, como já tivemos oportunidade de verificar, não foi a primeira vez que falou de um sentimento do género «elas e nós» relativamente às mulheres. Além do mais, noutras ocasiões, defendeu a igualdade de géneros, em que se destaca a campanha na década de 1970 para que o Gonville & Caius College admitisse estudantes do sexo feminino.

Trabalhar com a intuição

«Confio muito na minha intuição.»

STEPHEN HAWKING, NO PROGRAMA DE RÁDIO
DESERT ISLAND DISCS, 1992

C onsiderando a natureza da cosmologia — ou seja, a tentativa de estabelecer leis que regem esferas que não esperamos alguma vez poder observar fisicamente —, é inevitável que os teóricos venham em certa medida a confiar na sua intuição. Não quer isto dizer que os cosmólogos se limitam a lançar ideias no escuro com base num palpite. Muito pelo contrário: têm de processar os dados disponíveis, ruminar na literatura existente e, depois, explorar os recantos da mente, a fim de formular hipóteses. A magnífica — embora não infalível — capacidade de Hawking de intuir linhas férteis de investigação foi um atributo essencial na sua ascensão até à grandeza.

Apesar de se permitir alguma abertura face à sua intuição, esta só é eficaz porque está enraizada numa sólida base racional. No prefácio de *Buracos Negros e Universos Bebés e Outros Ensaios* (1993), escreveu:

«Não concordo com a perspetiva de que o Universo é um mistério: algo sobre o qual se pode intuir, mas nunca analisar ou compreender totalmente. Sinto que esta visão não faz justiça à revolução científica que começou há quase quatrocentos anos com Galileu e que foi continuada por Newton. Eles mostraram que, pelo menos, algumas áreas do Universo não se comportam de maneira arbitrária, sendo governadas por leis matemáticas definidas.»

Empenha-se também incansavelmente em colocar as suas ideias à prova e descarta aquelas que não resistem. «Tento adivinhar um resultado, mas depois tenho de o provar», disse no programa Desert Island Discs em 1992. «Nesta fase, é com muita frequência que concluo que aquilo que pensei não é verdade ou que existe uma outra coisa em que nunca antes tinha pensado.» Ou seja, mesmo uma hipótese descartada — uma intuição que não deu em nada — pode dar origem à próxima grande ideia ou pelo menos orientar na direção da fase seguinte da investigação. Vale também a pena especular se o estilo de pensamento visual de Hawking acentua as suas capacidades intuitivas. Como ele próprio reconhece, não lhe «importam muito as equações» porque não lhe inspiram um «feeling intuitivo». Será que a sua preferência por imaginar conceitos em termos quase físicos, e não sob a forma de equações complexas, confere uma maior liberdade à sua imaginação criativa e alimenta a sua intuição?

Na sua própria opinião, o seu primeiro salto intuitivo — que designa alternadamente por «momento eureca» ou «momento de êxtase» — ocorreu em 1970, quando estava a deitar a filha. Foi nesse momento que teve a revelação de que os buracos negros têm entropia, uma constatação que abriu caminho à sua descrição da radiação de Hawking. É de realçar que uma das suas ideias mais significativas lhe tenha surgido fora do âmbito de uma atmosfera académica formal, com a sua criatividade a florescer, quando poderíamos pensar que estaria concentrado em questões mais domésticas.

Uma vez mais, os seus métodos evocam-nos Einstein que, em 1920, afirmava: «Todos os grandes feitos da ciência têm de começar num conhecimento intuitivo, nomeadamente em axiomas, a partir dos quais podemos então fazer deduções... A intuição é uma condição necessária à descoberta desses axiomas». Numa entrevista que concedeu nove anos depois, regressou a este assunto: «Acredito em intuições e inspirações... Por vezes sinto que tenho razão. Mas não sei se tenho.»

Contudo, embora a intuição seja por vezes entendida como pouco mais do que uma adivinhação inspirada, tanto Einstein quanto Hawking encaravam-na como quase o último passo do processo de acumulação de conhecimento. Nas palavras de Einstein: «A intuição não é mais do que o resultado de uma experiência intelectual prévia.»

Escrever como Hawking

«Fico satisfeito por ver que um livro sobre ciência
compete com livros de memórias de estrelas pop.
Se calhar há esperança para a raça humana.»

STEPHEN HAWKING, CITADO EM *STEPHEN
HAWKING: A LIFE IN SCIENCE*, POR MICHAEL WHITE
E JOHN GRIBBIN, 1992

A bibliografia de Hawking inclui muito mais de duzentos livros (ficção e não ficção) e artigos académicos que remontam até 1965. Mesmo considerando que foi coautor de um número significativo destas obras, estamos perante uma produtividade formidável. Para alguém que passou a maior parte da sua carreira sem conseguir escrever mais do que algumas poucas palavras por minuto, este feito assume toda uma outra dimensão. Já para não falar do facto de que um dos seus livros se conta entre as obras mais celebradas da ciência popular na história da linguagem.

O seu primeiro grande artigo, «Occurrence of Singularities in Open Universes» [Ocorrência de Singularidades em Universos Abertos], publicado em 1965, veio sinalizar a área em que deixaria a sua marca. No espaço de apenas alguns anos, copublicava com o orientador do seu doutoramento, Dennis Sciama, e, por altura do aparecimento, em 1973, de *The Large Scale Structure of Space-Time* (escrito com George Ellis), Hawking era já um nome consolidado na sua área. Contudo, escusado será dizer que, nesta fase, a sua produção era altamente técnica e virtualmente impenetrável para quem não possuísse um conhecimento sofisticado de cosmologia prévio. Só em finais da década de 1980 — com a publicação de *Breve História do Tempo* — iria entrar no domínio da escrita de ciência popular. Numa pincelada, apresentou milhões de pessoas a uma área anteriormente obscura da ciência e mudou a sua própria vida para sempre.

Breve História do Tempo conta com os seus críticos. A prosa nem sempre é irrepreensivelmente elegante e alguma informação científica não é fácil de compreender — embora dificilmente o possamos culpar de que conceitos como o tempo imaginário continuem a ser de difícil compreensão para um leigo. Diz a lenda popular que é um dos livros que os leitores mais frequentemente deixam «por acabar». Contudo, independentemente de todas as pequenas objeções, foi um marco que veio decompor uma matéria enormemente complexa — a origem do nosso Universo e para onde poderá estar a caminhar — em pedaços na sua maioria de dimensão bastante digerível. A par de todos os que nunca conseguiram ir além das primeiras páginas, muitos outros houve que conseguiram chegar ao fim e se alimentaram intelectualmente com este empreendimento. É justo pressupor que será e continuará a ser uma inspiração para os jovens aspirantes a cientistas, alguns dos quais poderão ainda vir a compreender o Universo melhor do que o próprio Hawking.

Este livro veio também abrir caminho para que Hawking se tornasse no proeminente embaixador para a ciência da sua geração. Pode não conseguir mexer-se nem falar por si, mas mais ninguém conseguiu chegar mais perto de dar a conhecer a cosmologia junto das massas. Seguiu-se uma série de outras obras populares. *Buracos Negros e Universos Bebés e Outros*

Ensaios (abordando um conjunto de tópicos científicos e não científicos) foi lançado em 1993. *O Universo numa Casca de Noz* ajudou a introduzir a teoria M no discurso popular em 2001, ao passo que, um ano mais tarde, *Aos Ombros de Gigantes* reapresentou uma série de obras científicas clássicas junto de um público moderno. Depois, em 2005, associou-se a Leonard Mlodinow para revisitar e atualizar *Breve História do Tempo* sob a forma de *Brevíssima História do Tempo*. A mesma parceria produziu *O Grande Desígnio* em 2010, que integrava o mais recente pensamento científico numa reavaliação de questões fundamentais do Universo, incluindo — o que foi controverso — a existência (ou não) de Deus.

A Minha Breve História, uma obra autobiográfica que descreve a apaixonante história pessoal e as aventuras profissionais de Hawking, fez a sua aparição três anos depois. Publicou também uma série de livros infantis de ficção, que escreveu com a filha Lucy, com a finalidade de levar a cosmologia até um público mais jovem através das aventuras de «George». O primeiro título, *A Chave Secreta para o Universo*, foi lançado em 2008, tendo sido posteriormente editados mais quatro (*Caça ao Tesouro no Espaço*, *George e o Big Bang*, *George and the Unbreakable Code* e *George and the Blue Moon*) até 2016. Estes títulos foram traduzidos para uma dúzia de línguas até ao momento. Hawking acabou por apreciar o processo de escrever para crianças, um público que descreveu como «naturalmente interessado no espaço, sem medo de perguntar porquê».

Entretanto, como que para mitigar quaisquer acusações de «se estar a estupidificar», continuou a escrever livros e artigos para públicos mais especializados. Em 1996, por exemplo, escreveu *A Natureza do Espaço e do Tempo* (com Roger Penrose) e, em 2005, publicou «Information Loss in Black Holes» [Perda de Informação nos Buracos Negros] e, em formato mais longo, *God Created the Integers: The Mathematical Breakthroughs that Changed History*. Entretanto, aquando da redação do presente livro, os seus três artigos académicos mais recentes são os claramente não populistas «The Information Paradox for Black Holes» [O Paradoxo da Informação em Buracos Negros], «Information Preservation and Weather Forecasting for Black Holes» [Preservação da Informação e Previsão Meteorológica para Buracos Negros] e «Vector Fields in Holographic Cosmology» [Campos Vetoriais em Cosmologia Holográfica]. Ser assim bem-sucedido a escrever tanto para especialistas como para principiantes é um feito de que só poucos escritores científicos, se é que algum, se conseguiram aproximar.

Há que não esquecer que tudo isto foi alcançado perante descomunais dificuldades práticas. No final da década de 1960, a sua capacidade para a escrita já estava significativamente limitada pela doença, situação que só se agravou. Depois, à medida que se ia assistindo ao enfraquecimento da sua voz nos anos que se seguiram, o processo de ditar tornou--se mais laborioso e esgotante. Quando por fim perdeu de todo a sua voz na década de 1980, conseguia escrever frases no computador. Por um período, ainda conseguia utilizar um pouco o polegar, mas não tardou até que a ELA lhe roubasse até essa pequena força. Seguidamente, a sua única forma de comunicação consistia em soletrar palavras, uma letra de cada vez, erguendo a sobrancelha em determinado momento, enquanto uma outra pessoa apontava a letra em causa num cartão. Resta-nos imaginar a imensa frustração que este processo terá provocado. Como ele próprio afirma na sua página pessoal na Internet: «É bastante difícil manter uma conversa assim, quanto mais escrever um artigo científico.»

Felizmente, as novas tecnologias vieram em seu socorro e foi-lhe integrado um computador na cadeira de rodas que podia ser operado com uma combinação de movimentos da cabeça, do olho e da bochecha. Podia agora não só escrever frases, como também transmiti-las para o sintetizador de voz quando assim o desejasse. No pico da sua funcionalidade, conseguia transmitir cerca de quinze palavras por minuto. Foi uma enorme melhoria na sua situação, mas dificilmente o ideal para uma pessoa cujo principal capital era a comunicação. Ainda assim, permitiu-lhe escrever pelo menos um livro e várias dezenas de artigos científicos. Hawking asseverou também que as suas dificuldades o haviam obrigado a ser conciso e específico. Contudo, à medida que o seu estado físico continuava a deteriorar-se, a sua produtividade em palavras diminuiu e, em 2012, era de cerca de uma palavra por minuto. Hawking foi então envolvido numa investigação de topo para desenvolver outras formas de comunicação para pessoas com incapacidade física grave, incluindo tentativas de ler e utilizar as ondas cerebrais. Essa tecnologia está, no entanto, ainda numa fase muito preliminar, pelo que as probabilidades de vermos mais trabalhos originais de Hawking com uma extensão significativa são reduzidas.

COMO *BREVE HISTÓRIA DO TEMPO* SE TORNOU UM FENÓMENO

«Sabia que ia ser um êxito quando foi traduzido para servo-croata.»
STEPHEN HAWKING, CITADO NA *VANITY FAIR*, 2004

A publicação de *Breve História do Tempo* em 1988 foi indubitavelmente o grande momento «Big Bang» pessoal de Hawking. Apesar de ter alimentado grandes esperanças de que o livro se saísse bem, nunca teria imaginado que seria tão bem-sucedido.

As suas motivações para o escrever foram de dupla índole. Por um lado, foi um esforço nobre, empreendido com a esperança de transmitir a maravilha da ciência a um público mais vasto. O seu objetivo era mostrar quão longe já havíamos chegado, em apenas poucas décadas, em direção a uma compreensão mais plena das origens do nosso Universo. Mas havia também uma condicionante económica. Os três filhos frequentavam o ensino privado e os seus cuidados pessoais (incluindo enfermeiras particulares) implicavam custos elevados. Entretanto, o seu salário académico era relativamente modesto e, como é evidente, enfrentava o espetro de um futuro incerto. Teve assim esperança de que um livro de ciência popular modestamente bem-sucedido lhe pudesse aliviar as suas aflições financeiras e colocar algum dinheiro no banco para os filhos. Aproximamo-nos agora das três décadas após a sua publicação e ele pode sentir-se consolado ao ver que o livro alcançou tudo isso e muito mais.

Como nos demonstrariam os acontecimentos que se sucederiam, a escrita de *Breve História do Tempo* seria um processo tumultuoso. A sua intenção era produzir um texto acessível a praticamente qualquer pessoa que lhe pegasse. Por exemplo, queria evitar páginas com longas equações, tão comuns na maioria dos livros sérios sobre cosmologia. (Tendo sido alertado de que cada equação que utilizasse reduziria potencialmente para metade o número de leitores, o livro contém uma única equação — aliás a mais famosa no mundo da ciência,

$E = mc^2$.) Ao invés, queria pegar nas imagens pictóricas que trazia na sua cabeça e descrevê-las em linguagem simples, com apenas alguns diagramas e analogias descomplicadas, para facilitar a compreensão.

Como já tivemos oportunidade de ver, o processo de escrita não foi de todo linear, mesmo quando Hawking começou a considerar a ideia em 1982. Contudo, o golpe catastrófico na sua saúde que sofreu quando estava na Suíça, em 1985, tornou as últimas etapas de escrita do livro ainda mais duras. Todavia, graças à sua energia e determinação inquebrantáveis, levou o projeto até ao fim.

O primeiro editor a propor a publicação do livro foi o editor habitual de Hawking, a Cambridge University Press. Propôs um adiantamento muito generoso de dez mil libras, mas que não fazia jus às ambições que o autor nutria para a sua obra. Hawking queria que se tornasse o género de livro que vemos nas livrarias dos aeroportos — um verdadeiro êxito para as massas. Decidiu então contratar os serviços de um superagente nova-iorquino, chamado Al Zuckerman. Mas até Zuckerman receava que o seu cliente estivesse a dar um passo maior do que a perna.

Corria o ano de 1984 e Zuckerman estava equipado com a primeira versão de Hawking. Não tardou muito a aparecer uma proposta na mesa, pela muito bem-reputada editora Norton. Zuckerman insistiu com Hawking para que aceitasse a proposta, mas Hawking estava determinado em resistir. A sua intuição em breve provaria ser fundamentada. A Bantam, uma editora com alcance no mercado das massas, mas com pouco legado na área científica, chegou com uma proposta de 250 mil dólares à cabeça, só pelos direitos nos EUA. Hawking não precisou de pensar duas vezes. Quando conheceu o seu futuro

editor, Peter Guzzardi, em 1985, este não se conseguia con-
ter e elogiava efusivamente o seu mais recente autor. Mas
Hawking — falando através de um tradutor — cortou-lhe a fala:
«Onde está o contrato?».

Guzzardi assumiu um papel ativo na reformulação da versão preliminar do texto e as máquinas de impressão estavam
por fim prontas a funcionar em 1988. Foi também ele quem
sugeriu a adaptação do título original de Hawking *From the Big
Bang to Black Holes: A Short History of Time* [*Do Bing Bang aos
Buracos Negros: Breve História do Tempo*] para *A Brief History
of Time: From the Big Bang to Black Holes* [*Breve História do
Tempo: do Big Bang aos Buracos Negros*]. Felizmente, o editor e
o autor decidiram igualmente reponderar a decisão de cortar
aquela que se tornou na passagem mais famosa do livro,
quando Hawking fala em «conhecer a mente de Deus».

A introdução da autoria de outro ícone vivo da ciência, Carl
Sagan, também ajudou a elevar as expetativas dos leitores.

O primeiro leve indício de que o livro estava a alcançar
algo especial chegou quando um revisor experiente da revista
científica *Nature* telefonou para a Bantam. Alertou para o facto
de o exemplar prévio à publicação que tinha recebido conter
vários erros tipográficos e diagramas com legendas incorretas.
O editor decidiu reimprimir e ordenar a recolha da primeira
edição. Contudo, um número significativo de exemplares já
tinha sido vendido. *Breve História do Tempo* era claramente
material incandescente. As vendas aceleraram rapidamente e
o livro começou a quebrar sucessivos recordes para um título
na área das ciências. Nos EUA, por exemplo, esteve na lista de
livros mais vendidos do *New York Times* durante 147 semanas
e, no Reino Unido, permaneceu nos mais vendidos do *Times*
durante um período recorde de 237 semanas. Foi traduzido

para mais de 40 línguas (mais de 40 formas diferentes de nos envolvermos no tempo imaginário!) e o número de exemplares vendidos situa-se entre 10 e 25 milhões. Como referia Nathan Myhrvold na *Vanity Fair* em 2004: «Superou as vendas do livro *Sexo* de Madonna, com uma margem imensa — quem poderia prever tal coisa?»

Usufruir do estatuto de celebridade

«O facto de ser conhecido e facilmente reconhecível tem vantagens e desvantagens [...] Contudo, as desvantagens são mais do que compensadas pelas vantagens.»

STEPHEN HAWKING, *A MINHA BREVE HISTÓRIA*, 2013

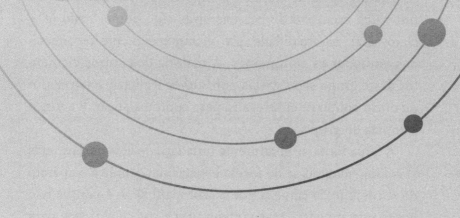

M esmo quando a *Breve História do Tempo* começou a navegar na crista da onda, Hawking certamente não fazia ideia de que estava prestes a ser elevado ao estatuto de uma verdadeira superestrela. Ele faz parte de um clube exclusivo de pessoas vivas cujo nome, rosto (e, é claro, voz), na atualidade, são instantaneamente reconhecidos em todos os continentes. A maioria dos outros elementos deste grupo são estrelas pop, atores e atletas, e talvez um ou outro político e empresário para contrabalançar. É o único cientista do grupo.

A fama torna-se geralmente uma faca de dois gumes, mas Hawking adaptou-se de forma espetacular. Aprecia o aparato do sucesso (e da riqueza que o acompanha) — e porque não haveria de apreciar? Mas também usa a sua celebridade para promover muitas grandes causas em que acredita firmemente. Mais importante do que tudo, continua a levar a ciência até lugares só alcançáveis pela força da fama. Ainda assim, não deixa de estar sujeito a ataques como qualquer outra megacelebridade (de Beyoncé ou Ronaldo, e até Barack Obama).

A VIDA
NA VIA RÁPIDA

Apesar de ter de lidar com contratempos esporádicos, Hawking parece ter adotado a vida na via rápida da fama. Na verdade, não faria muito sentido tentar fugir dela, a menos que estivesse preparado para levar uma vida de eremita. Como ele próprio referiu maliciosamente à televisão israelita em 2007: «A desvantagem da minha fama é que não posso ir a parte nenhuma do mundo sem ser reconhecido. Para mim, não basta usar óculos escuros e uma cabeleira postiça; a cadeira de rodas denuncia-me sempre.» Não se importa assim de se misturar com os seus colegas da lista de celebridades (Richard Branson e Daniel Craig foram dois dos convidados da festa que organizou pelo seu septuagésimo aniversário) e de proferir palestras em eventos mais habituados a receber estrelas da *pop*. Esgotou o Royal Albert Hall, em Londres, «atuou» na Casa Branca e, em 2014, foi cabeça de cartaz no Starmus — um «festival de cosmos e música» que se realiza nas Ilhas Canárias — ao lado da lenda da guitarra e astrónomo amador Brian May. Já em 1990, Hawking revelou um admirável laivo de atitude *à la* estrela de *rock* quando não compareceu numa conferência de imprensa programada para antes de uma palestra em Brighton, uma cidade no litoral da Grã-Bretanha, para ir ver um concerto dos Status Quo.

Os críticos de Hawking focam-se normalmente em dois reparos em especial, relacionados entre si, no que diz respeito à sua fama. O primeiro — demasiado óbvio para não ser abordado — é que Hawking não seria tão famoso se não fosse incapacitado. Esta é uma questão sobre a qual o próprio Hawking refletiu, pelo menos num documentário da PBS em 2014: «Por vezes, fico a pensar se sou tão famoso pela cadeira de rodas e pelas incapacidades quanto pelas minhas descobertas.»

Não há dúvida de que a sua incapacidade desempenha um papel na manutenção do interesse que o público nutre por ele. O facto de uma pessoa poder ser tão cruelmente incapacitada e tão brilhantemente capaz gera um enorme fascínio em todo o mundo. Este aspeto de «interesse humano» da sua vida constitui uma forma de abrir um caminho de acesso à ciência para muitas pessoas que, de outro modo, poderiam não parar para pensar um só momento nas últimas reflexões dos cosmólogos. Hawking não deveria ter de responder pela sua incapacidade nem justificar a fama que esta atrai. Há, no entanto, quem sugira que, por ser alvo de uma tão monumental atenção, outros cientistas apresentam trabalho da mesma, ou ainda maior, magnitude e não recebem o devido reconhecimento.

Numa vertente mais problemática, alguns dos seus críticos sugerem que o seu nome é tão poderoso, que as suas posições teóricas são recebidas sem sentido de crítica, ao passo que as teorias concorrentes são postas de lado. Uma vez mais, a culpa de que nem todos consigam a mesma dose de atenção dificilmente é sua, tal como não é «culpa» de Lionel Messi o facto de ser coberto de mais elogios do que os seus colegas de equipa que, por vezes, podem até jogar melhor do que ele.

Contudo, esta realidade deveria talvez levar a que ele se sentisse mais pressionado a autocontrolar as suas comunicações públicas. Apesar de ser uma espécie de homem-espetáculo, isso nem sempre foi assim. Diz o seu velho amigo Martin Rees: «Uma desvantagem da celebridade é que as suas observações atraem uma atenção exagerada, mesmo quando aborda tópicos em que não é particularmente competente.»

A celebridade é uma componente intrínseca e autoperpetuante do fenómeno Hawking, mas vem num distante segundo plano face ao seu trabalho como cientista. Regressando às palavras de Martin Rees: «A sua fama não devia sobrepor-se aos seus contributos científicos porque, embora a maioria dos cientistas não seja tão famosa quanto ele, não há qualquer dúvida de que ele fez mais do que qualquer outra pessoa desde Einstein para melhorar o nosso conhecimento da gravidade.»

HAWKING, A ESTRELA CONVIDADA NA TELEVISÃO

«Senti-me bem por mostrar que a ciência também pode ser bem recebida pelo homem comum.»
STEPHEN HAWKING, NA SUA PARTICIPAÇÃO
EM OS SIMPSONS, 2004

Se nos pedissem para descrever o arquétipo da personalidade televisiva, é provável que não escolhêssemos de imediato um físico teórico com uma incapacidade física grave que fala através de um sintetizador de voz com um sotaque curioso.

Mas a verdade é que o mundo de Hawking tem muito pouco de típico. Apesar de aparentemente não parecer ter uma presença televisiva, conseguiu construir uma carreira significativa no pequeno ecrã que lhe durou pelo menos três décadas. Além do mais, revela-se que também é muito flexível — as suas aparições incluíram tudo, desde documentários a *talk shows*, do drama à comédia.

Apesar de não corresponder às imagens estereotipadas da típica estrela de televisão, ainda assim tem muitos trunfos a seu favor. Em primeiro lugar, o êxito de *Breve História do Tempo* deu-lhe um nome (ou mesmo *o* nome) que o público associa à ciência, à inteligência e, efetivamente, ao «génio». Além disso, qualquer pessoa o reconhece de imediato — apesar das graçolas de Hawking, ninguém o confunde com qualquer outra pessoa, tanto por motivos visuais como pela aura que emana. A sua voz sintetizada passou a fazer parte integrante da figura pública que é Hawking. Ainda mais por ele ter, até hoje, recusado assumir uma voz mais natural através de software mais avançado.

No que toca ao seu trabalho em televisão, os projetos com valor mais duradouro são as diversas séries de documentários de referência a que foi associado. Em 1997, deu a cara na PBS, em O Universo de Stephen Hawking, em que apresentava uma abrangente resenha dos desenvolvimentos alcançados na astronomia e na cosmologia. Depois, em 2008, houve uma pequena série para o Channel 4 chamada Stephen Hawking: Master of the Universe — um misto de biografia e ciência pura e dura que alcançou um nível muito saudável de audiências no Reino Unido, de cerca de dois milhões de espetadores, um valor jamais sonhado para a maioria dos documentários de ciência. Seguiu-se Into the Universe with

Stephen Hawking, para o Discovery Channel, em 2010, em que Hawking conduzia os espetadores pelo Universo com a ajuda de imagens avançadíssimas geradas por computador. Admirável Mundo Novo com Stephen Hawking, uma vez mais para o Channel 4, foi exibido no ano seguinte, abordando em cinco episódios como os cientistas estão a tentar alcançar os próximos grandes avanços em áreas como a tecnologia, a saúde e o ambiente. Nunca abrandando o ritmo, apresentou em seguida Stephen Hawking's Grand Design (para o Discovery Channel), uma série baseada em parte no seu livro com o mesmo nome e em que abordava muitas das grandes questões que dominaram a sua carreira de investigação. Entretanto, em 2007, arranjou ainda tempo para fazer as introduções de uma série de dramas independentes em Mestres da Ficção Científica.

A sua fama no ecrã viria a consolidar-se ainda com grandes documentários biográficos (entre os quais Uma Breve História do Tempo, em 1991, e Hawking, em 2013) e com representações ficcionais da sua vida. A série dramática da BBC de 2004, Hawking, foi muito elogiada na altura e nela assistimos a Benedict Cumberbatch (antes do estrelato alcançado com Sherlock) a desempenhar o papel principal. Depois, em 2014, foi lançado o filme A Teoria de Tudo, vencedor de um Óscar, com Eddie Redmayne como protagonista. A fama de Hawking ficou instantaneamente garantida pelo menos por mais uma geração.

Contudo, até ao lançamento de A Teoria de Tudo, Hawking era indubitavelmente mais conhecido (pelo menos no ecrã) pelas suas participações como artista convidado na série de comédia de animação dos EUA, Os Simpsons. Tendo aparecido pela primeira vez no episódio «Salvaram o Cérebro de

Lisa», tem sido alternadamente retratado como um plagiador (roubando a ideia de Homer Simpson de que o Universo tinha a forma de um *donut*), um sábio proprietário de restaurante, confuso e perdido num labirinto, um *rapper* e o proprietário de uma cadeira de rodas cheia de pás de helicóptero e de luvas de boxe que saltam com uma mola. Caso fosse preciso provar que Hawking aprecia uma boa piada, aqui está a prova. A experiência também o levou a aperceber-se de como a fama pode ser volúvel, como reconheceu ironicamente: «[...] as pessoas pensam que sou uma personagem dos Simpsons».

Seguiu-se a participação numa outra série de animação, Futurama, dos criadores de Os Simpsons. Depois, a comédia campeã de audiências nos EUA, A Teoria do Big Bang (que se baseia nas vidas de um grupo de cientistas que estuda e trabalha no Caltech), deu-lhe a oportunidade de exibir as suas capacidades numa série gravada ao vivo, especialmente quando descreveu um erro de cálculo do génio residente e autoproclamado da série, Sheldon Cooper, como «uma grande calinada». O estatuto de Hawking como figura de culto da comédia viu-se consolidado em 2014, quando participou no regresso dos Monty Python num espetáculo completamente esgotado em Londres, utilizando a cadeira de rodas para atropelar o colega cientista e apresentador de televisão Brian Cox.

Memoravelmente, Hawking também realizou o clássico sonho de qualquer fã de ficção científica, que é aparecer na série Caminho das Estrelas, quando entrou num episódio de 1993 de *A Próxima Geração* — a jogar póquer contra Data, Isaac Newton e Albert Einstein, tornando-se assim a primeira pessoa em toda a história a desempenhar-se a si próprio nesta série. Entretanto, em 2015, revelou à *Wired* aquele que, para ele, seria o papel perfeito num filme: «O meu papel ideal seria um dos vilões num filme do James Bond. Penso que a cadeira de rodas e a voz informática encaixariam na perfeição.»

Perspetivar o futuro:
será possível viajar no tempo?

«Sou obcecado pelo tempo. Se eu tivesse uma máquina
do tempo, visitaria a Marilyn Monroe no seu auge
ou surpreenderia Galileu enquanto ele apontava o telescópio
para o céu. E talvez viajasse até ao fim do Universo,
para saber como termina toda a nossa história cósmica.»

STEPHEN HAWKING, *DAILY MAIL*, 2010

Será que Hawking acredita em viagens no tempo? A resposta é decisivamente ambígua: «Sim. E não.» Revelou o seu nervosismo em falar sobre as viagens no tempo em público, dada a tendência para este assunto ser tratado como «pouco sério» e para os seus defensores serem apelidados de excêntricos. Como referiu, mesmo que cheguemos à conclusão de que não é possível viajar no tempo, é importante compreendermos os motivos para tal. Uma das formas para contornar este problema, sugere Hawking, é rebatizar as viagens no tempo de «histórias fechadas de partículas».

Qual é então a sua posição nesta questão? Por um lado, não tem muita paciência para a teoria de que os humanos podem saltar para trás e para a frente como bem entendem através dos séculos. Por outro lado, acredita que a natureza do Universo permite teóricos saltos em frente ao longo do tempo.

Para abordarmos desde já a ideia do «intrépido viajante no tempo», Hawking revela-se altamente cético quanto à noção de que alguma vez será possível viajar no tempo como descrevem os mais comuns romances de ficção científica. Caso fosse possível, argumenta, onde estão as hordas de turistas do futuro? Atentemos às palavras que dirigiu aos delegados do Festival de Ciência de Seattle em 2012: «Tenho provas experimentais de que não é possível viajar no tempo. Organizei uma festa para viajantes no tempo, mas só enviei os convites depois da data marcada. Fiquei ali sentado imenso tempo, mas não apareceu ninguém.»

Embora a forma como tenha exposto a questão seja algo sarcástica, a verdade é que não deixa de ser válida. Além do mais, Hawking suspeita de que as leis naturais interditam as viagens no tempo em direção ao passado para impedir que ocorra aquilo que é conhecido como paradoxos. Pegando no exemplo clássico de um paradoxo, que aconteceria se pudéssemos viajar até ao passado e matássemos a nossa avó enquanto jovem? Se matarmos a nossa avó, esta não terá a filha que seria a nossa mãe, pelo que nós também não nascemos. Mas se não nascemos, como podemos estar vivos para sequer viajar no tempo e reescrever a história? É um enigma que não tem fim. (Na versão de Hawking, um cientista louco viaja até ao passado e mata a sua versão mais jovem antes de este resolver os mistérios das viagens no tempo.)

Para lidar com a perspetiva dos paradoxos, Hawking concebeu a Conjetura de Proteção Cronológica (ver caixa na página 179). No entanto, é menos inflexível quanto à noção de que poderá ser — poderá — possível viajar para o futuro a uma velocidade acelerada. Para explicar como tal poderia ser possível, temos de analisar a teoria da relatividade de Einstein. Enquanto Sir Isaac Newton concebia o tempo em termos absolutos, Einstein argumentava que era um conceito mais maleável. Na sua teoria geral, descreveu a existência do espaço-tempo, que é curvado e distorcido por toda a matéria e energia existentes no Universo. Embora o «tempo» local se desloque para a frente, na visão de Einstein do Universo poderia potencialmente ficar tão distorcido que seria possível curvar sobre si mesmo.

Grande parte da ciência moderna aceita a existência de túneis hipotéticos — mais conhecidos como buracos de verme — que ligam diferentes pontos do espaço-tempo. Os buracos de verme ligam efetivamente dois lugares e dois tempos, pelo que, caso fosse possível viajar através de um deles, poderíamos estar a tomar um atalho para chegar a um momento diferente da história. O único problema, reconhece Hawking, é que se pensa que os buracos de verme existem apenas a nível subatómico, naquilo que é conhecido como a «espuma quântica». Para aceder a um buraco de verme, temos de medir um milionésimo, bilionésimo de centímetro. Nem Alice conseguiu tal proeza no País das Maravilhas, e ela tinha uma poção mágica.

Ainda assim, existe um corpo de pensamento científico que postula que as tecnologias futuras poderão conseguir aumentar suficientemente um buraco de verme para que um humano o consiga atravessar. Mas Hawking tem dúvidas. Suspeita de que esse processo de aumento criaria um retorno de radiação que cresceria com tal rapidez, que o buraco de verme seria destruído antes que qualquer pessoa lá conseguisse entrar. Mas a verdade é que ainda não desistiu completamente das viagens no tempo.

À semelhança de grande parte do trabalho que conhecemos de Hawking, ele acredita que uma possível solução para este problema reside nos buracos negros. Como desenvolvia a teoria geral de Einstein, o tempo viaja a diferentes velocidades, em diferentes lugares do Universo. Sabemos que isto acontece, com base em relógios superprecisos instalados em satélites com o nosso sistema de GPS, bem lá no alto, na órbita da Terra. Estes relógios atrasam-se uma pequeníssima fração de segundo todos os dias porque o tempo no espaço passa mais depressa do que aqui na Terra. Isto acontece porque objetos pesados (como o nosso planeta) funcionam como um prolongamento do tempo. Se procurarmos objetos realmente pesados, não é preciso ir mais longe do que os buracos negros ou, ainda melhor, um buraco negro massivo. Temos um bem no meio da nossa galáxia, a cerca de 26 000 anos-luz de distância. Contém o equivalente em massa a quatro milhões de sóis condensados num só ponto. E faz com que o tempo passe muito mais lentamente do que estamos habituados. Se fosse possível enviar seres humanos a voar em torno deste buraco negro, os astronautas a bordo sentiriam o tempo a metade da velocidade daquela sentida por aqueles que deixaram na Terra. Se a tripulação permanecesse em órbita durante um ano, regressariam a um planeta onde já teriam passado dois anos.

Todavia, viajar perto de um buraco negro é uma tarefa arriscada, e o salto no tempo alcançado seria, relativamente, bastante pequeno. Ao invés, Hawking sugere que a nossa melhor esperança de alcançarmos viagens no tempo significativas é inventando uma máquina que viaje a velocidades atualmente inimagináveis. Segundo as leis da física, nada pode ser mais rápido do que a velocidade da luz (cerca de 300 000 quilómetros por segundo). Isto significa que, quando um objeto se aproxima dessa velocidade, o tempo começa a ficar mais lento, de modo a garantir que permanece dentro do limite de velocidade. Assim, por exemplo, se uma nave espacial viajar a 99,9999% da velocidade da luz e alguém a bordo estiver a correr a uma velocidade suficiente a ponto de se ultrapassar a velocidade da luz, o tempo a bordo colocá-lo-á verdadeiramente em câmara lenta. Se viajarmos suficientemente depressa, o que poderiam ser apenas algumas horas na nave podem, na verdade, representar anos na Terra.

Será preciso algum engenho para atingirmos a velocidade necessária. O foguetão dos EUA Apollo 10 é o veículo tripulado mais rápido alguma vez construído e precisaríamos de algo cerca de 2000 vezes mais rápido. Precisaríamos também de pelo menos seis anos de viagem a plena potência para conseguirmos gerar uma velocidade suficiente. Contudo, segundo Hawking, continua a ser a nossa forma mais promissora de conseguirmos viajar no tempo, além de que nos abriria o Universo de formas até hoje não imaginadas.

A CONJETURA DE PROTEÇÃO CRONOLÓGICA

«Parece que existe uma Agência de Proteção Cronológica que impede o aparecimento de curvas fechadas do tipo temporal, fazendo assim com que o Universo se mantenha seguro para os historiadores.»
STEPHEN HAWKING, *PHYSICAL REVIEW*, 1992

Para pessoas de uma certa idade, o conceito do paradoxo das viagens no tempo foi-lhes apresentado por Marty McFly e os filmes da sequela *Regresso ao Futuro*. No primeiro filme dessa fantástica trilogia, McFly vê-se no passado, antes do seu nascimento, e tem de orquestrar o namoro dos seus futuros pais para garantir a sua própria conceção no futuro. É, por isso, um filme com um conceito elevado, sob todos os pontos de vista.

Ao longo dos anos, tanto cientistas como autores de ficção científica foram tentando apresentar soluções, que se revelaram pouco satisfatórias, para o imbróglio do paradoxo. Seria possível, por exemplo, criar uma espécie de máquina de realidade virtual que replicasse o passado sem, na verdade, nele intervir? Ou será que poderíamos visitar aquilo que parece ser o nosso passado, mas num Universo paralelo, deixando imaculado o nosso verdadeiro passado? Em qualquer dos casos, estaríamos a visitar uma versão do passado, mas não o nosso verdadeiro passado.

Diz a lenda que, quando estava a escrever o seu romance sobre viagens no tempo, *Contacto*, Carl Sagan falou com Kip Thorne, na esperança de resolver algumas lacunas no enredo relacionadas com as viagens no tempo. Esta conversa levou Thorne a pensar sobre a possibilidade das viagens no tempo através de buracos de verme, ideia que explicou num artigo que publicou em 1988. Os meios de comunicação social apelidaram-no imediatamente de «o homem que inventou as viagens no tempo», apesar de o próprio Thorne se contar entre aqueles que mais elevavam a voz na argumentação de que as viagens práticas no tempo seriam quase impossíveis, uma vez que a gravidade quântica resultaria provavelmente na destruição de uma máquina do tempo logo que esta entrasse em funcionamento. Esta conclusão, por sua vez, acabou por conduzir à observação do próprio Hawking citada no início deste capítulo.

Embora se fundamente em ciência sólida, a Agência de Proteção Cronológica de Hawking é decididamente uma conjetura e não uma lei. Como — e quando — será, porventura, possível testar a hipótese é uma questão de adivinhação.

O fim está próximo
(mas provavelmente
não tão próximo)

«O desenvolvimento de uma completa inteligência artificial
poderia ditar o fim da raça humana.»

STEPHEN HAWKING, ENTREVISTA À BBC, 2014

C onsiderando o seu estatuto singular como o sábio de referência da cosmologia, é inevitável que se pergunte frequentemente a Hawking quais são para ele as maiores ameaças ao nosso futuro. Infelizmente, os elementos mais sensacionalistas da comunicação social tendem a distorcer as suas observações e a transformá-las em loucas previsões da condenação iminente do nosso mundo. Escusado será dizer que Hawking é mais discreto quanto às ameaças. Ainda assim, lançou alguns avisos sérios quanto aos potenciais perigos de os nossos avanços tecnológicos nos levarem a melhor.

Já abordámos a aversão de Hawking às armas nucleares, mas é apenas um de vários caminhos para o Armagedão que ele aponta. Por exemplo, em comum com a grande maioria dos cientistas sérios, receia que as alterações climáticas (em grande parte impulsionadas pelo aumento das emissões de gases de estufa, à medida que o mundo moderno vai necessitando de cada vez mais energia) possam tornar irreconhecível a nossa atual forma de vida. Em 2007, na sua intervenção numa conferência de imprensa para o Boletim de Cientistas Atómicos, por ocasião do adiantamento de dois minutos do Relógio do Juízo Final (um relógio simbólico que sugere uma contagem decrescente até à potencial catástrofe global) para que mostrasse cinco minutos para a meia-noite (a hora da catástrofe), disse:

«Como cientistas, compreendemos os perigos das armas nucleares e os seus efeitos devastadores, e estamos a descobrir o modo como as atividades e tecnologias humanas estão a afetar os sistemas climáticos, de formas que poderão mudar para sempre a vida na Terra. Como cidadãos do mundo, temos o dever de alertar o público para os riscos desnecessários que corremos todos os dias e para os perigos que prevemos se os governos e as sociedades não tomarem hoje medidas para que as armas nucleares se tornem obsoletas e para prevenir mais alterações climáticas... Apercebemo-nos de que estamos a mudar o nosso clima para pior, o que terá efeitos catastróficos. Embora a ameaça não seja tão extrema como a das armas nucleares neste momento, a longo prazo estaremos perante uma ameaça muito grave.»

Acentuou igualmente a sua apreensão face aos perigos da bioengenharia não regulamentada, uma área da investigação que conheceu progressos exponenciais nos últimos anos. Efetivamente, em 2001, numa entrevista ao *Daily Telegraph* sugeriu que a investigação sem entraves em biologia o preocupava mais do que a ameaça de aniquilação nuclear. «As armas nucleares requerem grandes instalações», dizia, «mas a engenharia genética pode ser realizada num pequeno laboratório.

E não podemos regulamentar todo e qualquer laboratório em todo o mundo. O perigo é que, por acidente ou intencionalmente, possamos criar um vírus que nos destrua.»

No entanto, a ameaça a que tem regressado mais regularmente é aquela que diz respeito à inteligência artificial (IA). Considerando as definições por vezes imprecisas daquilo que é realmente a IA, trata-se de uma temática com pleno potencial para interpretações erróneas. Que quer então dizer esta expressão? IA refere-se à inteligência revelada por uma máquina ou software. Quem trabalha nesta área pretende assim criar máquinas cada vez mais «inteligentes», ou seja, máquinas com a capacidade de aprender e de adaptar o seu comportamento a determinadas circunstâncias, garantindo deste modo os resultados mais eficazes. Sob um certo ponto de vista, é matéria de pesadelos de ficção científica, evocando imagens de super-robots descontrolados que superam os seus antigos soberanos humanos. Como exemplo clássico da paranoia em torno da IA, poderíamos referir o filme de 2004, *Eu, Robot*. Contudo, as apreensões de Hawking são algo mais subtis do que o terror imposto por robots renegados. Atentemos, por exemplo, à sua resposta a uma pergunta que lhe foi feita em «Ask Me Anything», no *Reddit*, em 2015:

«O verdadeiro risco da IA não é uma questão de maldade, mas, sim, de competência. Uma IA superinteligente será extremamente boa a alcançar os seus objetivos e, se esses objetivos não forem alinhados com os nossos, estamos em maus lençóis. Nenhum de nós será provavelmente um pérfido malfeitor que pisa formigas por pura maldade, mas se formos responsáveis por um projeto de energia hidroelétrica verde e existir um formigueiro na região que se pretende inundar, azar para as formigas. Não coloquemos a Humanidade na situação dessas formigas. Por favor, encorajem os vossos alunos a pensar não só em formas de criar IA, mas também de garantir o seu uso benéfico.»

Hawking não é de modo algum contra a IA por si só. Pelo contrário, sente algum nervosismo por os desenvolvimentos tecnológicos estarem a ultrapassar as reflexões filosóficas. Como observou num discurso em 1994 da Exposição Macworld em Boston, «penso que os vírus informáticos deveriam ser encarados como formas de vida... Penso que nos diz algo sobre a natureza humana, o facto de a única forma de vida que criámos até ao momento ser puramente destrutiva. Criámos vida à nossa imagem.» Quanta autonomia deverão então os humanos conceder às máquinas, no interesse de uma maior eficiência? Algumas das maiores questões éticas com que nos confrontamos giram em torno do potencial desenvolvimento de «armas autónomas» (ou «robots assassinos», como são por vezes conhecidos). Vários passos à frente dos drones armados, já amplamente utilizados, as armas autónomas poderão teoricamente selecionar e visar alvos sem qualquer intervenção humana. A guerra, por outras palavras, seria realizada por máquinas — a chacina em *outsourcing* para que se torne ainda mais difícil atribuir a pessoas específicas a responsabilidade por determinadas decisões operacionais.

Embora pareça haver amplo consenso entre os governos no momento de manterem a distância face a armas autónomas, é impossível afirmar que sempre foi assim. Se uma nação maléfica ou grupo militante se vir na posse deste tipo de tecnologia, é difícil imaginar que outros organismos não sintam que têm de se manter a par. Em julho de 2015, Hawking contava-se entre as figuras mais proeminentes dos mais de mil especialistas que assinaram uma carta apresentada à 24.ª Conferência Internacional Conjunta sobre Inteligência Artificial, que alertava contra a corrida às armas com IA e apelava a uma proibição incondicional das armas autónomas. Outros signatários notáveis foram o cofundador da Apple, Steve Wozniak, o CEO da Tesla Motors, Elon Musk, e o CEO da Google DeepMind, Demis Hassabis.

Na opinião de Hawking, o problema é que, simplesmente, não conseguimos prever as curvas e contracurvas que podem surgir no percurso da IA rumo ao futuro. Mais especificamente, não conseguimos conhecer todas as implicações da criação de uma máquina mais inteligente do que as pessoas que a construíram. Como declarou à BBC em 2014:

> «Não temos forma de saber exatamente o que acontecerá se uma máquina superar a nossa inteligência, por isso não conseguimos saber se ela nos ajudará infinitamente ou se nos ignorará e nos porá de parte, ou mesmo se nos destruirá.»

Ao contrário do que dizem os autores de grandes parangonas que optaram por o descrever como um mensageiro de uma inevitável condenação pela IA, Hawking alerta-nos simplesmente para que tenhamos cuidado. Em vez de trabalharmos cegamente em prol da criação de máquinas superinteligentes, devemos dedicar tempo a pensar na forma como estas máquinas afetarão materialmente as nossas vidas — para o bem e para o mal — e conceber formas de garantirmos que servem apenas para melhorar a nossa existência coletiva.

Em resposta a outra pergunta em «Ask Me Anything», em 2015, disse:

«Devemos transferir o objetivo da IA da criação de uma pura inteligência artificial não orientada para a criação de inteligência benéfica. Poderemos demorar décadas a concluir como o podemos fazer, por isso comecemos já hoje a investigar, e não na véspera de ligarmos a primeira IA forte.»

As civilizações avançadas estão condenadas a uma existência breve?

«Não está claro se a inteligência terá algum valor
de sobrevivência a longo prazo.»

STEPHEN HAWKING, PALESTRA
«VIDA NO UNIVERSO», 1996

H awking exorta-nos a pensar nos perigos daquilo que, para ele, são ameaças existenciais, para que a Humanidade possa perdurar. No entanto, levantou também uma possibilidade relacionada e perturbadora — de que as formas de vida avançadas e inteligentes (como os humanos) são inerentemente propensas à autodestruição. Quanto maiores os progressos tecnológicos alcançados, maior o risco para a continuação da nossa existência.

Hawking nem sempre foi benevolente para a nossa espécie vista como um todo («A vida primitiva é muito comum e a vida inteligente é bastante rara. Alguns diriam que ainda estamos à espera de a ver acontecer na Terra», gracejou ele numa palestra na Universidade George Washington em 2008), mas reconhece aquele que é, segundo sabemos, o nosso estatuto singular no plano da inteligência. Em 1988, a revista *Der Spiegel* relatava este elogio algo ambíguo por ele proferido: «Somos apenas uma raça avançada de macacos, num planeta secundário em torno de uma estrela mediana. Mas conseguimos compreender o Universo. Isso faz de nós seres muito especiais.»

É a nossa aparente singularidade sob este ponto de vista que motiva apreensão. Afinal de contas, se fosse verdadeiramente benéfico desenvolver inteligência, não haveria por aí espécies mais inteligentes? Falando no Festival de Ciência de Seattle em 2012, formulou a questão da seguinte forma:

«Não sabemos qual a probabilidade de um planeta desenvolver vida. É muito reduzida, poderemos ser a única vida inteligente em toda a galáxia. Outra possibilidade assustadora é que a vida inteligente não só é comum, como também se autodestrói quando atinge um determinado patamar de avanço na tecnologia. A prova de que a vida inteligente é muito curta reside no facto de, aparentemente, não termos sido visitados por extraterrestres. Estou a dar o desconto das afirmações de que os OVNI contêm alienígenas. Por que razão haveriam de se mostrar apenas a lunáticos e esquisitoides? [...] Outra prova de que não existe vida inteligente em meia dúzia de centenas de anos-luz à nossa volta é o facto de o SETI, o programa que procura vida inteligente, não ter ainda apanhado nenhum dos seus programas de televisão.»

Hawking argumenta há muito que, para salvaguardar o futuro da espécie a longo prazo, os humanos têm de se preparar para se disseminarem além da Terra — e quanto mais cedo melhor. Já em 2001, disse ao *Daily Telegraph* que o planeta é simplesmente demasiado vulnerável para garantir a continuação da nossa sobrevivência, uma vez que a vida está exposta à possibilidade de demasiados acidentes. A sua previsão na altura era de que a raça humana teria de viajar além das fronteiras da Terra no espaço de um milénio. Em 2010, numa entrevista ao site *Big Think*, revelou-se ainda mais pessimista, sugerindo que temos uma janela de oportunidade de duzentos anos para colonizar o espaço, se não quisermos a nossa extinção. Em 2015, quando participou numa entrevista televisiva com Dara Ó Briain, licenciado em física e comediante, até as suas esperanças de sequer alcançarmos este feito já se haviam desvanecido. Em 2001, havia-se declarado otimista e proclamara: «Vamos alcançar as estrelas.» Mas acrescentava que «a presente estirpe de humanos não alcançará as estrelas», justificando a sua posição dizendo que as distâncias envolvidas eram demasiado elevadas e que a provável exposição à radiação seria demasiado intensa. A nossa única esperança, sugeriu, seria se conseguíssemos conceber seres humanos geneticamente ou enviar máquinas para realizarem por nós uma colonização.

Pintou um quadro negro, mas talvez não devamos levar as suas palavras à letra. Tratava-se, afinal de contas, de uma entrevista com uma grande exposição, na qual estava consciente de que este tipo de declarações ousadas iria atrair mais atenção para a sua pessoa e para os seus interesses. Além do mais, Hawking tem tanta capacidade para prever o futuro como qualquer outra pessoa. A sua análise do futuro da Humanidade é puramente especulativa. Mas ao expor os «piores cenários», ele introduz um debate vital — como poderemos moldar no nosso futuro como espécie? — firmemente na esfera pública. Embora Hawking possa por vezes ser acusado de ser alarmista, a verdade é que o faz com um objetivo. Pensemos, por exemplo, numa pergunta aberta que publicou no *Yahoo Questions* em 2006: «Num mundo mergulhado no caos político, social e ambiental, como pode a raça humana perdurar por mais cem anos?» «Não sei a resposta», esclareceu mais tarde. «E por isso mesmo fiz a pergunta, para levar as pessoas a pensarem no assunto e a ganharem consciência dos perigos que hoje enfrentamos.»

A pergunta recebeu cerca de 25 mil respostas no espaço de poucas semanas. A sua favorita indica-nos que poderá até nutrir esperanças mais auspiciosas para nós do que por vezes gosta de admitir. Fornecida por um grupo de autores auto-denominados *Semi-Mad Scientist* (cientista semilouco), dizia: «Se não acreditarmos que continuaremos a crescer e a superar as agruras do caos social à medida que vamos amadurecendo como espécie, mais vale não ter qualquer tipo de fé. Não estou a falar de religião... mas apenas da mesma certeza de que sobreviveremos, tal como de que o sol nascerá todos os dias.»

HÁ ALGUÉM AÍ FORA?

«Temos apenas de olhar para nós mesmos para ver como a vida inteligente poderia evoluir para algo que não gostaríamos de conhecer.»
STEPHEN HAWKING, INTO THE UNIVERSE WITH STEPHEN HAWKING, 2010

O argumento de Hawking de que a colonização do espaço é desejável conduz naturalmente a outra questão: será previsível que deparemos com outros seres? Em termos latos, ele acredita que o equilíbrio de probabilidade favorece a existência de vida extraterrestre, mas não necessariamente extraterrestres inteligentes.

Se considerarmos que sabemos que existem centenas de milhares de milhões de estrelas espalhadas por centenas de milhares de milhões de galáxias, parece improvável — ou mesmo presunçoso — pressupor que o nosso pequeno planeta é o único que alberga vida. Contudo, pela mesma bitola, se considerarmos que somos a espécie mais avançada entre os milhões que existem na Terra e que cerca de metade da biomassa do planeta é composta por organismos de tipo bacteriano, é razoável pressupor que a maior parte de toda a vida será primitiva. Efetivamente, se a sua tese de que a inteligência não só não é necessária à sobrevivência, como pode aliás colocá-la em perigo, devemos então pressupor que as formas de vida mais bem-sucedidas não são evoluídas.

Contudo, não dispomos naturalmente de provas que confirmem uma tal afirmação, pelo que Hawking se recusa a excluir a possibilidade de existência de outras formas de vida avançadas algures noutro quadrante do Universo. E considerando que não temos qualquer possibilidade de adivinhar quais as suas capacidades e intenções, apela à extrema precaução nas tentativas de estabelecer contacto. Se existir efetivamente vida inteligente, o que nos garante que não é muito mais evoluída do que nós e que não deseja transformar a nossa espécie em escravos, do mesmo modo que nós explorámos outras espécies, e mesmo raças, no nosso planeta? Na sua série de documentários Into the Universe, foi a ponto de sugerir que, se extraterrestres nos visitassem, o resultado seria «muito parecido com a chegada de Colombo à América, o que não correu lá muito bem para os Ameríndios». Evocava assim as suas palavras, anos antes, no programa da National

Geographic, Naked Science: Alien Contact: «Penso que seria desastroso. Os extraterrestres estariam provavelmente muito mais avançados do que nós. A história do encontro entre raças evoluídas e povos mais primitivos no nosso planeta não é muito feliz, e eram da mesma espécie. Acho que devemos manter-nos discretos.» Ficamos assim com um paradoxo algo curioso (o que não é propriamente invulgar na história de Hawking) em que, por um lado, exorta a Humanidade a aventurar-se no Universo, mas, por outro, sugere que não demos muito nas vistas no palco cosmológico. Depois, em 2015, lançou mais uma pedra no charco, empenhando-se publicamente num projeto com o valor de cem milhões de libras — orientado por dois dos seus aliados de longa data, Martin Rees e Yuri Milner — dedicado à procura de outras formas de vida inteligentes no Universo. Durante dez anos, este projeto, batizado de *Breakthrough Listen*, pretenderá pesquisar o milhão de estrelas mais próximas da Terra em busca de vida, bem como ficar à escuta de mensagens das cem galáxias mais próximas. Por ocasião do seu lançamento, Rees disse que «obviamente, é uma aposta enorme e incerta, mas a compensação seria colossal».

Falando nesse mesmo acontecimento, Hawking disse:

«Para compreendermos o Universo, temos de conhecer os átomos, as forças que os unem, os contornos do espaço e do tempo, o nascimento e a morte das estrelas, a dança das galáxias, os segredos dos buracos negros. Mas ainda não chega. Estas ideias não conseguem explicar tudo. Podem explicar a luz das estrelas, mas não as luzes que brilham no planeta Terra. Para compreender estas luzes, temos de conhecer a vida, as mentes das pessoas. Acreditamos que a vida surgiu espontaneamente na Terra. Por isso, num Universo infinito, têm de existir outros exemplos de vida. Algures no Universo, vida inteligente poderá estar a observar as luzes do nosso Universo, consciente do que significam. Seja como for, não existe uma pergunta maior. Chegou a hora de nos dedicarmos a encontrar a resposta quanto à vida fora da Terra. Somos vida, somos inteligentes, temos de saber.»

Quem sabe Hawking tenha concluído que, em última análise, o melhor para nós será mesmo sabermos o que existe lá fora — amigo ou inimigo — antes que eles saibam tudo sobre nós.

Nunca desistir
de nos desafiarmos

«Tenho tido uma vida preenchida e satisfatória.»

STEPHEN HAWKING,
A MINHA BREVE HISTÓRIA, 2013

Com Hawking atualmente septuagenário, e tendo passado a maior parte da sua vida a lutar contra terríveis sintomas físicos, é inevitável que tenha abrandado um pouco. Os seus problemas de saúde levam a que a sua agenda de aparições públicas possa sofrer alterações de última hora. Cada dia que passa representa um feito notável na sua luta contra a ELA que, segundo os médicos, o deveria ter levado há mais de 50 anos. Contudo, indubitavelmente, o mais notável de tudo isto é o facto de Hawking continuar a participar na vida pública. Enquanto outras pessoas da sua idade e que se orgulham de manter uma saúde robusta poderão pensar que chegou a hora de parar, Hawking prossegue — como académico e como embaixador da ciência — junto do público.

Hawking sempre foi imbuído de um espírito de aventura e de uma grande vontade de viver. Por exemplo, quando era estudante, a dada altura viu-se envolvido num esquema de introduzir clandestinamente bíblias em língua russa na União Soviética. Quando as autoridades se aperceberam da operação, o jovem Hawking foi detido durante várias horas.

Ao recordar esta experiência, a sua principal memória incide na sensação de regozijo. O desejo de «viver experiências» — mesmo que pudessem não ser confortáveis — mantém-se no seu interior até hoje.

Apesar dos obstáculos que a sua incapacidade física lhe impôs, esteve em todos os continentes do planeta, exceto na Australásia. Mesmo quando entrou numa idade mais avançada, continuou a visitar regularmente instituições de investigação na Europa e na América do Norte. Em 1997, chegou mesmo a fazer uma viagem à Antártida, uma aventura a que chamou depois de a sua «memória preferida». A finalidade da visita foi a participação numa conferência de alto nível com físicos teóricos de todo o globo. Hawking voou com a Força Aérea do Chile até à base de Isla Rey Jorge, na Península Antártida. Aí foi transportado de um lado para o outro numa mota de neve — uma forma de transporte que considerou muito mais agradável do que a cadeira de rodas, que foi modificada para a ocasião com a instalação de correntes de neve. É fácil perceber como esta escapadela atraiu o especial sentido de diversão de Hawking.

A viagem à Antártida e o voo sem gravidade que referimos em seguida são apenas duas aventuras em toda uma vida marcada por testes muito exigentes — quer seja no plano do intelecto, da perseverança, da coragem ou da determinação. Só raramente Hawking ficou aquém daquilo que desejava. Pensemos, por exemplo, na sua insistência em visitar um laboratório de neutrinos de topo situado a cerca de dois quilómetros de profundidade, perto de Sudbury, Ontário, no Canadá. Para aceder a estas instalações, viajou num elevador concebido especialmente para o efeito, que mergulha nas profundezas da terra. O entusiasmo do observatório em receber o icónico cientista revelou-se tão intenso quanto o entusiasmo deste último em ver o seu trabalho absolutamente inovador em primeira mão.

UM PASSO MAIS PERTO DO ESPAÇO?

Em 2007, Hawking contrariava uma vez mais os pareceres médicos, realizando um voo com gravidade zero num Boeing 727 especialmente modificado. A experiência, que simula a sensação de voar no espaço, pode provocar efeitos secundários indesejáveis nos passageiros, pelo que este avião é coloquialmente conhecido como o «Cometa do Vómito».

Todavia, as imagens de Hawking a flutuar livremente, liberto da cadeira de rodas, permanecem longamente na nossa memória. Após o voo de duas horas — no qual sentiu a experiência da ausência de peso em oito rondas de 25 segundos cada (em vez do máximo idealizado de três, tal era o entusiasmo de Hawking) —, disse: «Foi incrível. A parte da gravidade zero foi maravilhosa e a parte com mais gravidade não representou qualquer problema. Podia lá ter continuado para sempre. Espaço, aqui vou eu!» E não eram meras palavras ocas — Hawking tem reserva para realizar um voo suborbital com o projeto galáctico da Virgin, de Richard Branson. Pouco se sabe se os seus problemas de saúde algum dia lhe permitirão esta satisfação, mas podemos ter a certeza de que Hawking não desistirá do seu sonho sem dar luta.

Entretanto, durante o processo de escrita deste livro, Hawking esteve sempre sob o olhar público. Dado ser um homem com o toque de Midas quando se trata de promover o envolvimento do público com a ciência, fez aparições de destaque na televisão, submeteu-se a interrogatórios online de acesso livre e deu inúmeras entrevistas tradicionais nos meios de comunicação. Em agosto de 2015, figurou nos títulos dos jornais quando proferiu uma palestra na Conferência sobre Radiação de Hawking em Estocolmo, na Suécia, onde afirmou que os buracos negros «não são prisões eternas como antes pensávamos. Podem sair coisas de dentro de um buraco negro e saem possivelmente noutro Universo».

Nesta apresentação, Hawking estabeleceu o cenário do seu artigo seguinte — desenvolvido em parceria com Malcolm Perry e Andrew Strominger — que, sugeriu ele, resolvia de forma conclusiva o paradoxo da informação. Embora os meios de comunicação mais empolgantes, que afirmaram que ele «havia descoberto uma forma de escapar a um buraco negro», estivessem amplamente a exagerar, alguns colegas especialistas sugeriram que alguns elementos daquilo que disse não eram propriamente novos, mas destacaram ainda assim a capacidade ímpar de Hawking de permanecer na crista da onda e de estimular o interesse popular, mesmo pelas matérias mais esotéricas. A sua posição singular entre os cientistas foi uma vez mais sublinhada em 2016, quando se tornou o «homem de referência» para os comentários após o anúncio de que as ondas gravitacionais originalmente postuladas por Einstein um século antes haviam sido detetadas pela primeira vez.

A carreira de Hawking conheceu o seu grande impulso na década de 1960, quando trabalhava sob a impressão de que teria uma vida provavelmente curta. Nas décadas que se seguiram, a sua luta contra a ELA custou-lhe evidentemente muito, tanto física como emocionalmente. Contudo, ele aproveitou consistentemente o tempo extra que lhe foi concedido para explorar oportunidades à medida que iam surgindo e apontando permanentemente para a meta seguinte.

Hawking e Deus

«Há uma diferença fundamental entre a religião, que se baseia na autoridade, e a ciência, que se baseia na observação e na razão. A ciência ganhará, porque funciona.»

STEPHEN HAWKING, NUMA ENTREVISTA
A DIANE SAWYER, 2010

S em qualquer dúvida, a passagem absolutamente mais conhecida que Hawking alguma vez escreveu é aquela que conclui a *Breve História do Tempo*. Referindo-se à «teoria de tudo», diz ele: «Se descobrirmos a resposta, será o triunfo máximo da razão humana, porque nessa altura conheceremos a mente de Deus.» Contudo, estas palavras memoráveis e evocativas encerram uma autocontradição. Porque, no conceito de Universo de Hawking, ele não vê qualquer necessidade inerente da existência de Deus.

Trata-se necessariamente de uma posição controversa que tanto incomodou os crentes como consolou os não crentes ao longo dos anos. Efetivamente, Hawking foi endurecendo a sua posição com o tempo. Quando antes argumentava apenas que o Universo poderia existir independentemente de um deus, não estava a negar especificamente a existência de uma divindade. Todavia, mais recentemente, declarou abertamente o seu ateísmo pessoal.

Para efeitos de comparação, consideremos algumas das observações que fez sobre religião mais no início da sua carreira. Por exemplo, em *Breve História do Tempo*, escreveu «Toda a história da ciência tem sido a compreensão gradual de que os acontecimentos não ocorrem de maneira arbitrária, mas que refletem uma certa ordem subjacente, que pode ou não ser de inspiração divina.» Numa entrevista concedida à revista *Der Spiegel* em 1988, desenvolveu este tema:

> «O que fiz foi mostrar que é possível o começo do Universo ser determinado pelas leis da ciência. Nesse caso, não seria necessário recorrer a Deus para decidir como o Universo começou. Isto não prova que Deus não existe, apenas que Deus não é necessário.»

Há pouco tempo, em 2007, mantinha a sua posição relativamente moderada, lançando dúvidas sobre a noção de um Deus criador e omnipotente. Citado pelo *New Statesman*: «Não sou religioso na aceção normal. Acredito que o Universo se rege pelas leis da ciência. As leis podem ter sido decretadas por Deus, mas Deus não intervém para as quebrar.»

Poderemos pensar que este tipo de observações terá permitido a Hawking adotar uma posição face à religião que evoca aquela assumida por Einstein. Este defendia uma doutrina panteísta em que o Universo é encarado como uma manifestação física do divino. Ao descrever o seu sistema de crença, Einstein escreveu em tempos: «Não consigo conceber um Deus pessoal que influencie diretamente as ações das pessoas ou que fique algures sentado a julgar as criaturas da sua própria criação... A minha religiosidade consiste numa humilde admiração pelo espírito infinitamente superior que se revela no pouco que conseguimos compreender do mundo percetível.» É de referir que condenava igualmente

aqueles que defendiam agressivamente o ateísmo, descrevendo-
-os como «criaturas que não conseguem ouvir a música das
esferas».

Contudo, à medida que Hawking foi envelhecendo, foi di-
vergindo significativamente desta linha de pensamento ao
estilo de Einstein. Por exemplo, ao apresentar um episódio
chamado «Deus criou o Universo?» da série Curiosidade do
Discovery Channel, em 2011, Hawking argumentava: «Cada
um de nós é livre de acreditar naquilo que quer, e é minha
opinião que a explicação mais simples é que Deus não existe.
Ninguém criou o Universo e ninguém orienta o nosso destino. Isto conduz-me a uma compreensão profunda. Provavelmente não existe o Céu, nem vida após a morte.»

Enquanto Einstein nunca rejeitaria por inteiro a ideia
da existência de uma ordem «divina» superior no Universo,
Hawking foi convencido pelo peso das provas científicas de
que Deus não se revela nos mecanismos do Universo. Como
formulou em *O Grande Desígnio*:

> «Porque existe uma lei como a da gravidade, o Uni-
> verso pode e irá criar-se a si mesmo a partir do nada.
> A criação espontânea é o motivo para haver algo e
> não apenas nada, porque o Universo existe, porque
> nós existimos. Não é necessário invocar Deus para
> dar o sinal de arranque e pôr o Universo em funcio-
> namento.»

Deus passa assim a ser uma idealização da imaginação
humana que, na opinião de Hawking, contraria a lógica, ser-
vindo pelo contrário para proporcionar consolo àqueles que
procuram ordem nos seus mundos pessoais desordenados.

Como dizia à BBC em 1990: «Somos criaturas tão insignificantes num planeta menor em torno de uma estrela muito mediana no subúrbio periférico de uma entre cem mil milhões de galáxias. É por isso difícil acreditar num deus que se importaria connosco ou que sequer desse conta da nossa existência.»

Tendo enfrentado a perspetiva da morte desde muito cedo, Hawking teve muito tempo para contemplar a probabilidade de uma vida após a morte. A sua conclusão, como disse a Dara Ó Briain em 2015, é que é apenas «uma história de encantar para as pessoas que têm medo do escuro». Reiterou assim os sentimentos que expressou numa entrevista ao *Guardian* quatro anos antes, quando disse:

> «Tenho vivido os últimos quarenta e nove anos com a perspetiva de uma morte precoce. Não tenho medo da morte, mas não tenho pressa em morrer. Há tanto que quero fazer antes... Para mim, o cérebro é como um computador que deixará de funcionar quando as componentes falharem. Não existe Céu nem vida após a morte para os computadores avariados...»

O ceticismo de Hawking perante a religião custou-lhe algumas agruras pessoais ao longo dos anos — particularmente, foi causa de atrito no casamento com Jane, que professa o cristianismo. No seu livro, *Viagem ao Infinito: a Extraordinária História de Jane e Stephen Hawking*, ela escrevia:

> «O prejudicial cisma entre religião e ciência parecia ter-se estendido às nossas vidas: irredutível, o Stephen defendia a seca postura positivista, que eu considerava

demasiado deprimente e limitadora para a minha visão do mundo, porque eu precisava de acreditar com todo o fervor que a vida era mais do que os factos crus das leis da física e do que a luta quotidiana pela sobrevivência.»

Num momento mais amargo, referiu mesmo que o seu principal papel no casamento era «simplesmente dizer-lhe que ele não é deus»!

Hawking colocou-se inevitavelmente em rota de colisão com as Igrejas estabelecidas, muito especialmente com a Igreja Católica Romana. Recorda, por exemplo, uma conferência organizada pelo Vaticano sobre o tema da cosmologia, durante o papado de João Paulo II. Num artigo sobre Galileu em 2009, Hawking descrevia como o Papa havia dado autorização «para estudar as origens do Universo e onde começou», alertando, no entanto, os delegados de que «não deveriam procurar conhecer o princípio em si mesmo, já que esse era o momento da Criação e o trabalho de Deus». «Ainda bem que ele não se apercebeu de que eu tinha apresentado na conferência um artigo sobre o princípio do Universo», disse Hawking. «Não me estava a apetecer ser entregue à Inquisição, como Galileu.»

A questão de saber se existe ou não um Deus persistirá enquanto existirem humanos para a debater. Nem mesmo uma mente brilhante como a de Hawking pode reivindicar qualquer certeza sobre isso. Apesar de estar claramente convicto de que as provas científicas apresentam fortes argumentos contra a ideia de uma divindade, não é possível apresentar uma prova empírica que lhe dê razão. A fé, afinal de contas, é por definição uma expressão de crença, e não um facto.

E embora Hawking, mais do que ninguém, nos tenha conduzido mais perto de compreender como surgiu o nosso Universo, a questão de saber porquê (se é que há efetivamente uma razão) continua tão esquiva como sempre. No seu trabalho de 1999, *Alien Dawn*, o autor e filósofo Colin Wilson resumia assim:

«Sou tomado por [...] [uma] sensação de absurdo quando ouço um cosmólogo como Stephen Hawking a dizer-nos que o Universo começou com uma grande explosão há 15 mil milhões de anos e que a física criará em breve uma "teoria de tudo" que responderá a todas as perguntas sobre o nosso Universo; com o corolário de Deus ser uma hipótese desnecessária. Depois penso no dia em que, subitamente, me apercebi de que não sabia onde terminava o espaço, e tornou-se óbvio que Hawking também está a enterrar a cabeça na areia. Tanto quanto sei, Deus poderá até ser uma hipótese desnecessária, e não tenho qualquer objeção quanto ao facto de Hawking o dispensar, mas até compreendermos o porquê da existência por oposição à não existência, não temos simplesmente o direito de fazer este tipo de afirmações. É uma atitude pouco científica.»

No início do século XVII, Francis Bacon, em *Da Proficiência e do Avanço do Conhecimento Divino e Humano*, afirmava que «[...] se algum homem pensar, na sua busca por compreender as coisas materiais, em descobrir a natureza ou a vontade de Deus, estará, na verdade, corrompido por uma filosofia vã». Mas se calhar o melhor é deixar que Jane Hawking, entrevistada para o *Daily Telegraph* em 2015, resuma o problema intricado no centro da posição do ex-marido face a crenças religiosas:

«O Stephen fazia questão de me deixar a adivinhar se ele era agnóstico ou ateu, mas eu gostava de lhe passar rasteiras. Lembro-me de, uma vez, lhe ter perguntado como fazia ele para determinar em que teoria deveria trabalhar, ao que respondeu "Bem, temos de assumir que a escolha daquela que nos parece vir a ser mais produtiva consiste num ato de fé." E eu disse: "A sério? E eu que achava que a fé nada tinha que ver com a física."»

O legado de Hawking

«Hawking age como uma grande força de combate aos movimentos anti-intelectuais. Ele pega em princípios científicos complexos e explica-os de modo que o público em geral os entenda e, mais importante ainda, aprecie a ciência que está por detrás.»

MICHAEL VENABLES,
ARS TECHNICA, 2012

O que pode então Hawking esperar da forma como será recordado? Será evocado lá no topo, no panteão dos grandes ou, pelo contrário, será recordado como um extraordinário cientista-celebridade? A verdadeira natureza do seu legado permanecerá provavelmente por definir durante décadas ou, quem sabe, mesmo séculos. Só quando as suas teorias passarem ou não nos testes empíricos, será decidido o seu destino, sendo que a nossa capacidade de realizar este tipo de testes pertence ainda a um futuro longínquo.

Ainda assim, podemos dizer com alguma confiança que se conta entre os melhores cientistas teóricos da sua era, mesmo que seja difícil dizer se será o melhor de todos e o sucessor natural de outros como Newton e Einstein. Existem seguramente alguns defensores muito credíveis que afirmam que ele merece a proclamação ao mais alto nível. Um dos mais proeminentes é Kip Thorne, para quem Hawking «a par de Einstein, é o melhor na nossa área».

O *Establishment* decididamente reconheceu os seus extraordinários talentos desde muito cedo — uma reviravolta algo irónica, considerando as tendências anti-*Establishment* revela-das por Hawking.

Foi admitido na Royal Society em 1974 na sequência de, na linguagem sóbria da instituição, «grandes contributos na área da relatividade geral. Estes contributos derivam de uma compreensão profunda daquilo que é relevante para a física e a astronomia, e especialmente de um domínio de técnicas matemáticas totalmente novas. Na esteira do trabalho pioneiro de Penrose, estabeleceu, tanto sozinho como em colaboração com Penrose, uma série de teoremas sucessivamente mais robustos que estabeleciam o resultado fundamental de que todos os modelos cosmológicos realistas têm de encerrar em si singularidades. Recorrendo a técnicas similares, Hawking comprovou os teoremas básicos sobre as leis que regem os buracos negros: que as soluções estacionárias das equações de Einstein com horizontes de acontecimentos regulares têm necessariamente de ser axissimétricas; e que, na evolução e interação dos buracos negros, a superfície total dos horizon-tes de acontecimentos tem de aumentar...»

Seguiu-se um sem-fim de honras oficiais, tendo sido no-meado Comandante do Império Britânico no Reino Unido e agraciado com a Medalha da Liberdade nos EUA. Entretanto, uma mão-cheia de títulos honorários e o batismo de diver-sos edifícios académicos com o seu nome atestam a elevada estima que lhe nutrem os seus contemporâneos da acade-mia. Revelou-se igualmente que recusou ser condecorado Cavaleiro pelo governo britânico na década de 1990, alegada-mente devido à sua insatisfação com as políticas nacionais de financiamento da ciência.

Permanecem, contudo, os antagonistas, aqueles que afir-mam que o êxito sem precedentes de *Breve História do Tempo* gerou um fenómeno com vida própria. Os seus críticos sugerem que foi elevado do seu lugar de direito ao sabor da corrente de outros académicos de proa que trabalhavam na altura, ao invés de ser transformado numa espécie de oráculo de tudo o que é científico. Consideremos, por exemplo, as afirmações do autor de livros científicos Philip Ball, que escreveu um artigo para a *Prospect Magazine* em 2010 com o título «The Hawking Delusion» [A Ilusão Hawkinguiana]:

> «A maioria das pessoas ficará espantada ao ouvir que Hawking não se encontra na lista dos dez melhores físicos, nem sequer do século xx, quanto mais de todos os tempos [...] Hawking é extremamente inteligente, mas também outros o são, e ele está muito longe de ser o sucessor de Einstein. Mais importante: entre os cientistas, Hawking não tem a reputação de ser um pensador profundo. Não há nada de especialmente profundo no que disse até hoje sobre as implicações sociais e filosóficas da ciência em geral e da cosmologia em particular.»

Todavia, mesmo os que argumentam que Hawking não é um «génio» popular têm dificuldade em nomear qualquer outra pessoa que tenha feito mais para promover o envolvimento do público com as ciências. Efetivamente, Judy Bachrach, escrevendo na *Vanity Fair* em 2004, afirmava que é o seu «dom para personalizar o infinito que determina o êxito de Hawking».

Um ano depois, Hawking falou ao *Guardian* sobre a importância da comunicação. «Penso que é importante que os cientistas expliquem o seu trabalho, especialmente em cosmologia», disse. «Esta área responde atualmente a muitas perguntas que em tempos eram feitas pela religião.»

A sua capacidade inata de fazer com que mesmo a ciência mais inacessível pareça estar ao alcance dos leigos tornou-se evidente desde muito cedo. Jane Hawking foi uma das primeiras a registá-lo, como disse ao *Daily Telegraph*:

> «A inteligência de Stephen fascinava-me. Eu não era de todo especialista em matemática e era imprestável em física, mas ele conseguia explicar-me as coisas. Juntos, observávamos o céu à noite e, apesar de Stephen não ser na verdade muito bom a encontrar as constelações, falava-me do Universo em expansão e da possibilidade de se contrair de novo, descrevia o colapso de uma estrela sobre si mesma, formando um buraco negro, sempre de uma forma muito fácil de compreender.»

Antes de Hawking, Carl Sagan foi indubitavelmente o mais bem-sucedido promotor da ciência popular no século xx. Contudo, Hawking conseguiu superar o seu alcance e também impulsionou uma nova geração de comunicadores em ciência. Assume uma posição de destaque entre esta nova estirpe o professor Brian Cox, anteriormente uma estrela pop de segunda linha e atualmente o físico de referência para os produtores de televisão empenhados em fazer programas de ciência sérios. Não tem qualquer problema em admitir que deve muito a Hawking, dizendo em 2012: «No que toca à popularização da física, eu não estaria a fazer o que faço agora se não fosse ele». Qual é então, na sua opinião, o segredo de Hawking? «Ele [...] tem noção de que a nossa missão não consiste apenas em "fazer" física, mas também em explicá-la, já que é algo que fascina as pessoas.»

Hawking é simplesmente o cientista mais famoso do mundo. Embora reconhecendo que não é ainda possível saber qual a natureza precisa do seu contributo a longo prazo para o desenvolvimento da física teórica, apenas alguém verdadeiramente grosseiro consegue sugerir que ele não foi um interveniente fundamental nas últimas décadas da idade de ouro da cosmologia. Martin Rees, que não tende geralmente para o exagero, definiu-o em 2012 como «um dos dez melhores físicos vivos». Entretanto, Kip Thorne disse à revista *Wired* em 2015: «Fez uma incursão pioneira em domínios totalmente novos da física. Houve várias circunstâncias-chave na sua carreira em que fazia uma grande descoberta e todos os outros procuravam, com dificuldade, acompanhar o ritmo ou simplesmente compreender.»

Mas talvez a última palavra deva ser concedida ao próprio Hawking. Como encara ele o seu próprio contributo? «Foi um período glorioso para viver e fazer investigação em física teórica. Ficarei feliz se souber que acrescentei algo à nossa compreensão do Universo.»

BIBLIOGRAFIA SELECIONADA

BOSLOUGH, John, *Stephen Hawking's Universe*, William Morrow (1985)

COX, Brian e FORSHAW, Jeff, *The Quantum Universe: Everything That Can Happen Does Happen*, Penguin (2012)

FERGUSON, Kitty, *Stephen Hawking: His Life and Work*, Bantam Books (2011)

FILKIN, David, *Stephen Hawking's Universe*, BBC Books (1997)

GRIBBIN, John e WHITE, Michael, *Stephen Hawking: A Life in Science*, Plume (1992)

HAWKING, Jane, *Travelling to Infinity: My Life With Stephen*, Alma Books (2007)

HAWKING, Stephen, *A Brief History of Time*, Bantam Books (1988)

HAWKING, Stephen, *Black Holes and Baby Universes and Other Essays*, Bantam Books (1993)

HAWKING, Stephen, *The Universe in a Nutshell*, Bantam Books (2001)

HAWKING, Stephen, *On the Shoulders of Giants: The Great Works of Physics and Astronomy*, Running Press (2002)

HAWKING, Stephen, *God Created the Integers: The Mathematical Breakthroughs That Changed History*, Running Press (2005)

HAWKING, Stephen, *My Brief History*, Bantam Books (2013)

HAWKING, Stephen e ELLIS, George, *The Large Scale Structure of Space-Time*, Cambridge University Press (1973)

HAWKING, Stephen e HAWKING, Lucy, *George's Secret Key to the Universe*, Corgi Childrens (2008)

HAWKING, Stephen e HAWKING, Lucy, *George's Cosmic Treasure Hunt*, Corgi Childrens (2010)

HAWKING, Stephen e HAWKING, Lucy, *George and the Big Bang*, Corgi Childrens (2012)

HAWKING, Stephen e HAWKING, Lucy, *George and the Unbreakable Code*, Corgi Childrens (2015)

HAWKING, Stephen e MLODINOW, Leonard, *A Briefer History of Time*, Bantam Books (2005)

HAWKING, Stephen e MLODINOW, Leonard, *The Grand Design*, Bantam Books (2010)

HAWKING, Stephen e PENROSE, Roger, *The Nature of Space and Time*, Princeton University Press (1996)

KRAUSS, Lawrence M., *The Physics of Star Trek*, HarperCollins (1996)

SUSSKIND, Leonard, *The Black Hole War: My Battle With Stephen Hawking to Make the World Safe for Quantum Mechanics*, Back Bay Books (2009)

THORPE, K. S., *Black Holes and Time Warps*, W.W. Norton & Co (1994)

OUTROS TÍTULOS DA VOGAIS

Steve Jobs, um dos maiores inovadores dos tempos modernos, em poucas décadas transformou por completo as indústrias da informática, da música e dos telemóveis, criando algumas das tecnologias mais utilizadas em todo o mundo.

O fundador e CEO da Apple liderou a empresa desde as suas origens humildes, na garagem dos seus pais, até ao império global que é hoje em dia, revolucionando a forma como vivemos e trabalhamos.

Mas como foi que o fez? O que o levou a tomar as decisões incomuns que fizeram da Apple uma empresa de êxito global?

Pensar como Steve Jobs apresenta as mais importantes técnicas de gestão e liderança deste génio da inovação e da gestão. São 27 lições, comentadas por Pedro Aniceto, o reputado especialista em produtos Apple e evangelizador da marca em Portugal, e exemplificadas com os maiores êxitos e fracassos pessoais e profissionais do percurso de Steve Jobs.

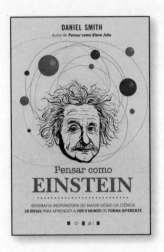

Albert Einstein é considerado, por muitos, o maior génio de todos os tempos. Na verdade, o seu nome é comummente aceite como um sinónimo do termo.

Autêntico revolucionário, Einstein passou toda a sua vida a questionar, a contestar e a derrubar ideias que eram, desde há séculos e até então, tidas como factos.

Mas de que forma lidava com o seu trabalho? De que modo as componentes díspares da sua personalidade contribuíram para a construção do seu legado? Que influências moldaram a sua forma de ver e de estar no mundo?

Pensar como Einstein leva-nos numa viagem pela sua vida e pelos seus pensamentos, mostrando-nos a genialidade do homem cujas teorias e pesquisas alteraram a nossa visão da ciência, para sempre. Através de 28 fundamentos inspiradores, este livro revela métodos e ideias arrebatadoras para explorar e pôr em prática em todas as áreas das nossas vidas.

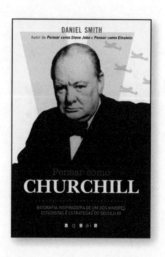

Winston Churchill é uma das grandes figuras da história moderna. Foi um político conservador e estadista britânico, famoso principalmente pela sua atuação como primeiro-ministro do Reino Unido durante a Segunda Guerra Mundial e por assumir o compromisso de nunca se render. Conduziu o seu país de um dos seus momentos mais difíceis, isolado e a enfrentar uma possível invasão alemã, aos seus tempos áureos, conseguindo proporcionar ao mundo o tempo e o espaço necessários para poder finalmente derrotar os exércitos de Hitler.

Pensar como Churchill convida-nos a explorar as capacidades únicas que Churchill possuía para lidar com os mais profundos desafios políticos do seu tempo. Podemos aprender a pensar como o homem que ganhou a reputação de ter sido o maior britânico de todos os tempos, descodificando os pontos de vista de Churchill, de forma a revelar como podemos aplicar os seus métodos e pô-los em prática em todas as áreas das nossas vidas.

Bill Gates é uma das figuras consensuais da informática e do mundo dos negócios. Fundou a Microsoft em 1975 e, dez anos depois, lançou a primeira versão do sistema operativo Windows. Nessa altura, a empresa era já uma das mais bem--sucedidas do planeta. Conhecido tanto pela personalidade implacável como pelo talento para adequar um produto ao mercado e vendê-lo, tornou-se o homem mais rico do mundo antes de completar 40 anos.

Hoje, o legado de Bill Gates está presente nas vidas de todos nós. Contudo, o seu trabalho recente na Fundação Bill e Melinda Gates poderá fazer com que o recordemos mais pelo seu combate à pobreza e às desigualdades sociais do que pelo seu contributo fundamental para a tecnologia.

Pensar como Bill Gates reúne a filosofia de vida e a excelência profissional de um dos maiores génios das tecnologias da informação.